___________________ 드림

초등 4학년

내 아이 공부법을 찾아라

초등 4학년

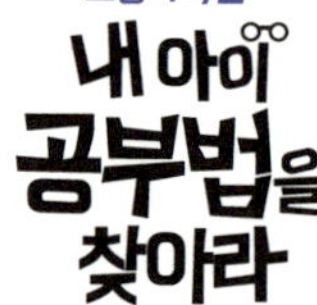

초판 1쇄 인쇄 2015년 12월 18일
초판 1쇄 발행 2015년 12월 24일

지은이 엄명종

발행인 장상진
발행처 경향미디어
등록번호 제313-2002-477호
등록일자 2002년 1월 31일

주소 서울시 영등포구 양평동 2가 37-1번지 동아프라임밸리 507-508호
전화 1644-5613 | **팩스** 02) 304-5613

ⓒ 엄명종

ISBN 978-89-6518-163-7 14370
　　　　978-89-6518-165-1 (SET)

· 값은 표지에 있습니다.
· 파본은 구입하신 서점에서 바꿔드립니다.

초등 4학년

내 아이 공부법을 찾아라

엄명종 지음

경향미디어

공신 공부법을 소개하는 이유

2005년에 자기 주도 학습이 선풍적인 인기를 끌면서 공교육 현장에서도 자기 주도 학습 인재상을 키워야 한다는 목소리가 커졌다. 그래서 학교는 자기 주도 학습 캠프를 교내에서 개최하기 위해 많은 시간과 에너지를 쏟았다. 특히 2005년에 출판된 세바스티안 라이트너 박사의 『공부의 비결』이 인기를 끌게 되면서 공부법에 대한 사람들의 궁금함은 더욱더 커졌고, 국내 작가들도 너나 할 것 없이 공부법 책을 출간하였다.

2005년 이후 쏟아져 나온 공부법의 종류는 50여 가지가 넘었다. 또한 이런 공부법을 바탕으로 학습 매니지먼트를 설립하여 학생들의 공부 습관을 트레이닝해 주는 학원들도 생겨났고, EBS에서는 지속적으로 자기 주도 학습과 관련된 방송을 내보내기도 했다.

그러나 10년이 지난 지금은 어떤가? 그 많았던 자기 주도 학습관들은 문을 닫았고, 학부모들은 여전히 자기 주도 학습은 다른 집 학생의 이야기인 것 같고 내 자녀에게는 먼 나라 이야기라며 회의적으로 생각한다. 이런 학부모들의 회의적인 반응을 불식시키고, 공부하고자 하는 의지는 있으나 제대로 된 공부법을 찾지 못해 답답해하는 학생들을 위해 공신 공부법을 세상에 공개하고자 한다.

공신 공부법은 2011년부터 현재까지 중앙일보 공신 캠프의 대표 공부법 프로그램으로 활용되어 왔다. 이 캠프에 참가한 학생들의 수는 1만 명 정도이고 이후 학부모 코칭 강의를 다녀간 분들도 1만 명이 훨씬 넘는다. 단순히 광고만 보고 신청한 것이 아니라 성공 사례와 설명회를 통해 소개로 신청한 사람이 많았다.

공신 공부법은 공신 한 사람만의 공부법이 아니다. 앞서 설명했듯이 이미 알려진 공부법의 종류는 50여 가지가 넘는다. 캠프를 위해 공신 멘토를 뽑아 앙케트를 해 보니 50여 가지나 되는 공부법 모두를 갖고 있는 공신은 한 사람도 없었다. 사람들마다 성격이 다른 것처럼 각자의 공부법도 매우 달랐다. 그런데 그들의 공부법을 유심히 관찰해 보니 형태는 다르지만 본질은 같았다. 그래서 우리는 공신 공부법의 기본 원칙인 뼈대를 세우고 프로그램을 만들었다. 개인적인 성향에 따른 지엽적인 공부 기술은 각 성격에 따라 개발하면 된다는 게 중론이었다. 2009년에 개발된 공신 공부법은 초·중·고등학교를 대상으로 파일럿 테스트를 약 6개월간 실험하면서 프로그램의 효과성을 검증했다. 그렇게 탄생한 것이 공신 공부법이다.

공신 공부법의 이론적 배경

공신 공부법의 이론적 배경은 캐나다 캘거리 대학교 교육학과 개리슨 교수가 제시한 자기 주도 학습 통합 모형을 기반으로 개발되었다. 개리슨은 자기 주도 학습은 학습 동기, 자기 관리, 자기 통제가 상호 연결되어 있다고 주장했다.

학습 동기는 학습자가 학습을 시작하고 지속적으로 인지하려는 힘을 말한다. 자기 관리는 학습을 계획하고 실행하는 학습 활동으로 학습 목표를 설정하고 학습 자원을 관리하는 것이다. 마지막 자기 통제는 학습의 성과를 얻기 위해 스스로 통제하는 힘인데 인지적인 과정으로 스스로 평가하고 잘못되었으면 고치려는 태도이다.

이 3가지 측면을 토대로 학교 현장에서 적용해 보니 그동안 공부 기술만 제대로 알면 공부를 잘할 수 있다고 생각한 것은 잘못이라는 결론을 내리게 되었다. 그리고 절대적으로 개인의 차이를 인정한 교육이 필요하다는 것을 알게 되었다. 같은 수업을 받더라도 충분한 학습 동기가 선행되면 학습의 가속도가 붙는다는 사실을 경험하면서 학습 동기 모델과 공부 원리 모델을 개발하였다. 공신들은 모두 충분한 학습 동기를 기반으로 자기 통제는 물론 자기 관리 측면에서 최고점이었다. 결국 배우려는 의지를 가지고 지속적인 자기 관리와 지식 관리를 하는 학생들이 공신이 된다는 것을 검증하게 된 것이다.

누구에게 언제 필요한가?

공부법은 사실 초등학교 4학년부터 배울 필요가 있다. 초등학교 4학년 때가 학습 동기와 공부 습관을 잡기에 가장 효과적인 시기이기 때문이다. 초등학교 4학년 전까지는 보상이 학습 동기를 불러일으킨다. 즉 칭찬 스티커를 받는다거나 상장을 받으면 학습 동기가 충분히 형성된다. 그러나 4학년 이후부터는 이런 보상보다는 '모르는 것을 진정으로 알아 가는 기쁨을 맛보게 해 주는 것'이 최고의 학습 동기가 된다. 그러므로 사춘기가 되기 전부터 모르는 것을 알아 가기 위해 애쓰는 과정을 경험하게 해 주고 스스로 이길 수 있는 성취감을 맛보게 해 주는 것이 필요하다. 그렇게 터득한 경험은 진정한 학습 동기가 된다. 이런 학습 동기는 이후 10년 동안 지속되어 공부 몰입도로 나타난다.

이런 학습 동기와 더불어 초등학교 4학년 시기에 필요한 것은 공부 기술이다. 공신들의 공부 기술을 내 자녀에게 적용했을 때 효과를 보지 못하는 까닭은 공부하는 당사자가 갖고 있는 내면의 힘이 서로 다르기 때문이다. 즉 이해하려는 의지, 암기하려는 의지 등이 모두 다르기 때문에 내 자녀에게 적용되지 않는 것이다. 그런데 초등학교 4학년 때부터 내면의 힘을 기르기 위한 적절한 교수법과 함께 공부 기술을 통해 빠른 학업 성취감을 갖도록 도와주면 아이가 공부에 대한 자신감을 갖게 된다.

이런 자신감은 점진적으로 '난 마음먹으면 공부를 잘할 수 있다.'는 자기 효능감으로 나타나기 때문에 사춘기 전인 초등학교 4학년이 중요한 것이다.

캠프 후 효과를 보지 못한 분들에게

그동안 공부법 캠프에 자녀를 보냈는데도 효과를 보지 못했다고 속상해하는 부모들을 많이 보았다. 한 부모님은 자녀가 4년 전에 필자가 만든 공신 공부법 프로그램에 참가했을 뿐만 아니라 다양한 캠프에 참여했는데도 효과를 보지 못했다고 했다. 자녀는 당시 프로그램에서 강조한 공부 도구 활용법도 잘 알고 있는데 습관화가 되지 않았던 것이다. 부모님은 자녀가 방법은 알고 있으니 일대일 학습 코칭을 통해 습관화시켜 주기를 원했다.

보통 대다수 캠프는 동기 부여에 그치는 경우가 많다. 보통은 이를 성공적인 캠프라고 하지만 필자의 경우엔 50% 성공 캠프라고 부른다. 사실 100% 성공 캠프는 없다. 왜냐하면 결국 돌아가서 공부법을 완성시키는 사람은 바로 학생 자신이기 때문이다. 이미 캠프 기간 동안 공신들의 공부법을 배우고 익혔으나 완전 학습이 되지 않은 것이다. 따라서 최소한 3개월은 학생과 코치가 함께 호흡을 맞추며 공부 습관 만드는 것을 실천해 볼 것을 권한다.

엄명종

1

공신의 공부 원리

❖ 공신은 공부 기술보다 공부 태도가 좋다

공신 캠프를 통해 만났던 혁이는 공부법 수업 시간에 장난도 많이 치고, 좀처럼 수업에 집중하지 않았다. 쉬는 시간에 만나 이야기를 들어 보니 혁이는 벼락치기로 평균 80점을 받는 수준이었다. 어릴 적부터 학원을 다니면서 선행 학습을 한 터라 그런지 '난 이미 다 알고 있다.'는 자세를 취하였다. 걱정이 되었다. 이런 행동이 반복되면 고등학교에 올라가서는 방대한 학습 양을 감당하기 어려울 것이라 여겨졌기 때문이다. 학년이 올라갈수록 공부 양이 많아지므로 이런 학생들에게는 스스로 계획하고 공부하여 자기 조절 능력을 높이는 것이 필요하다.

혁이는 공부하는 태도가 좋지 않았다. 그동안 교사 주도 학습으로 수업 시간에 알려 준 것은 잘 소화했으나 조금만 문제가 어려우면 풀기 싫어하고 회피하였다. 이런 학생은 공신이 되기 어렵다. 공신이 되는 학생들은 어려운 문제를 풀 때 회피하지 않는다. 오히려 이겨 내려고 노력한다.

공부에는 기술과 태도가 있다. 노트 필기, 읽기 전략, 시험 전략, 집중력 향상 방법 등은 공부 기술이다. 반면에 배우려는 의지, 암기하려는 의지, 회피하지 않으려는 자세, 한 번 시작한 것은 끝까지 알 때까지 노력하는 자세 등은 공부 태도이다.

공신 캠프를 통해 만난 공신 멘토, 그리고 일대일 학습 코칭으로 만나 공신이 된 학생들은 하나같이 배우려는 자세와 이겨 내려는 성실함이 있었다. 공부 기술이 공부 태도를 이기지 못하는 것이다. 정신일도 하사불성이라는 말이 있다. 정신을 한 곳으로 집중하면 그 어떤 일이라도 해낼 수 있다는 뜻이다. 즉 마음가짐이 모든 일의 첫 단추라는 것을 그들은 이미 경험한 것이다.

◈ 공신은 자기만의 공부 도구가 있다

공신들이 학습 능력이 좋은 이유는 자기만의 공부 도구가 있기 때문이다. 헬스장에서 몸을 만들기 위해선 좋은 운동 기구가 필요한 것처럼 좋은 공부 습관을 만들기 위해서는 좋은 공부 도구가 반드시 필요하다. 공부 도구는 공부 기술을 제대로 연마할 수 있도록 돕는 도구이기 때문에 꾸준히 쓰다 보면 공부 태도를 기를 수 있을 뿐만 아니라 자신에게 맞는 공부 기술이 무엇인지 발견하게 된다.

공신들이 주로 사용했던 공부 도구는 질문 노트, 수업 노트, 마인드 맵, 암기 카드, 이해 노트 등과 같이 시스템화할 수 있는 것들이었다. 이런 도구들의 특징은 공부하면서 자신이 이해한 것과 이해하지 못한 것, 중요하고 중요하지 않은 것이 무엇인지 쉽게 구분하도록 도와주었다.

이들은 독일의 심리학자인 헤르만 에빙하우스가 주창한 망각곡선 이론은 알지 못했으나 그 이론을 제대로 자신에게 적용했다. 이들은 벼락치기 학습이 아닌 주기적인 반복 학습을 통해 기억률을 높이는 공부 도구를 사용했다. 자신에게 맞는 공부 도구를 찾으려면 무엇보다도 한 가지를 갖고 꾸준하게 써 봐야 한다.

다양한 공부 도구를 시스템화하여 만든 4가지 노트가 있다. 개념 노트, 수업 노트, 이해 노트, 암기 노트인데 이 노트를 꾸준히 사용해 보면 자신에게 맞는 노트가 무엇인지 알 수 있다. 이는 마치 운전 면허증을 획득하는 원리와 똑같다. 처음에 운전 면허 학원을 다니면서 학원선생님으로부터 배운다. 처음에는 가르쳐 준 대로 연습을 한다. 하지만 합격한 뒤 얼마 지나지 않아서 운전을 반복하다 보면 자신만의 운전 스타일이 개발된다. 공부법도 같은 원리이다. 모든 사람이 운전 습관이 다른 것처럼 공부 습관도 마찬가지이다. 결국 자신만의 공부법을 개발하려면 공부 도구를 갖고 공부를 해 봐야 한다. 공부를 해 봐야 자신만의 노하우가 생긴다.

◈ 공신은 자기만의 복습 원리를 실천한다

16년간 기억을 연구했던 독일의 심리학자 헤르만 에빙하우스는 같은 횟수라면 '한 번 종합하여 반복하는 것'보다 '일정 시간의 범위에 분산 반복'하는 편이 훨씬 더 기억에 효과적이라는 것을 발견하면서 4회 주기 복습을 주장하였다. 그것은 학습한 10분 후부터 망각이 시작되며, 1시간 뒤에는 50%를, 하루 뒤에는 70%를, 한 달 뒤에는 80%를 망각하게 된다는 것이다.

또한 마인드 맵의 창시자인 토니 부잔의 저서 『생각하라(Use Your Head!)』에 따르면, 최초의 복습은 1시간 학습한 10분 후에 10분 동안(일주일 동안 기억된다.), 두 번째 복습은 24시간 후 2~4분 동안(일주일 동안 기억된다.), 세 번째 복습은 두 번째 복습 후 일주일 뒤에 2분 동안(한 달 동안 기억된다.), 네 번째 복습은 세 번째 복습 후 한 달 뒤에(6개월 이상 기억되는 장기 기억 상태가 된다.), 그 이후에는 몇 달 만에 한 번씩 슬쩍 들여다보아도 그 기억이 유지된다는 것이다. 이를 누적 반복 학습이라고 하는데 공신들은 이런 용어는 잘 몰라도 공통적으로 복습을 하는 방식은 비슷했다.

첫째, 그들은 자투리 시간을 잘 활용했다. 그들은 자신들의 머리가 좋다고 생각하기보다는 노력형이라고 자부하는 경우가 많았고, 자투리 시간을 자주 활용했다. 버스를 기다릴 때나 친구를 기다릴 때, 등교할 때, 하교할 때, 지하철 안에서 자투리 몇 분 사이에 보는 것이 시간을 내서 암기하는 것보다 기억에 더 오래 남는다고 했다.

둘째, 그들은 주기적인 반복 학습을 했다. 주기적인 반복 학습의 중요성을 그들은 몸이 알고 있었다. 예를 들어, 월요일에 외웠던 영어 단어를 다음날 한 번 더 보고 새로운 단어를 외우는 식이었다. 과거에 배운 지식과 새로 배운 내용을 결합하는 방식으로 잊기 전에 배웠던 것을 다시 한 번 읽고 이해하면서 암기까지 했다.

셋째, 그들은 자신만의 복습 노트를 갖고 있었다. 학교에서 배운 것과 학원에서 배운 것을 정리한 자신만의 노트가 있었다. 학원이나 학교에서 배운 모든 지식을 자신만의 언어로 정리하여 가지고 다닌 것이다. 소수 몇 명은 노트를 쓰지 않고 수업 시간의 집중과 문제집을 반복하여 풀면서 완전 학습을 하기도 했으나 대다수는 스스로 정리한 복습 노트를 갖고 있었다.

❖ 공신은 개념을 정독하고 학습한다

공신들은 자신이 배운 것은 늘 말이나 글로 친구들이 질문하면 답변해 주었다. 답변을 한다는 것은 이미 완전 학습이 되었다는 증거이다. 완전 학습이 되었다는 것은 완벽한 이해와 암기가 된다는 것이다. 그렇다면 이들은 어떻게 해서 완벽한 이해와 완벽한 암기가 가능했던 것일까?

완벽한 이해가 되려면 무엇보다 바르게 읽고 정독할 수 있어야 한다. 바르게 읽고 정독한다는 것은 이미 다양한 독서를 통해 읽기 연습이 충분히 되었다는 것을 말한다. 충분한 읽기 연습을 통해 어떤 지문을 읽더라도 거부감이 없고 읽은 양이 많기 때문에 추론하며 글을 읽었다. 당연히 이해하려는 의지를 높이는 선순환 결과를 가져왔다. 완벽한 암기는 충분한 이해를 기반으로 외우기 때문에 가능했다. 보통 암기의 단계는 문자를 받아들이고 단기 기억에 학습 내용을 저장한 뒤 장기 기억으로 옮기는 것이다. 결국 정독을 통해 완벽하게 이해하고 문제 풀이 위주의 공부보다는 개념 원리 중심으로 학습을 하다 보니 완벽한 암기까지 된 것이다.

❖ 공신은 핵심 개념을 잘 파악한다

중학교에 입학한 뒤 자녀가 수업에 적응이 안 된다고 하소연하는가? 혹은 그런 소리를 전혀 들어 본 적이 없는가? 학교 수업에 잘 적응하는가 하지 못하는가의 중요한 기준은 수업 내용을 잘 이해하고 소화하는가 아닌가이다.

중학교 신입생들에게 첫날 수업은 매우 인상적이다. 과목별로 선생님이 바뀌고 선생님들마다 수업 방식이 다양하고 색다르다. 이럴 경우 학습 코칭을 통해 공신이 된 학생들의 공통점은 각 과목별 수업을 들으면서 선생님의 패턴을 알아차린다. 교사가 가르치는 방식, 스타일, 전달하는 방식이 어떠한지 알고, 그 패턴 속에서 수업의 핵심 내용을 간파하여 이해하고 암기한다.

2

공부보다 진단이 먼저이다

❖ 공부를 잘하려면 현재 수준 확인이 필요하다

놀이동산에서 길을 잃어버리면 재빨리 안내 표지판으로 가서 붉은 점을 찾으면 된다. 바로 지금 내가 서 있는 자리가 어디인지 확인해야 목적지로 가는 길을 찾을 수 있기 때문이다. 2년 전 한 중학교에서 학습 코칭 프로젝트를 3개월간 진행하였다. 프로젝트 기간 동안 전체 집합 교육을 하고 난 뒤 학생 개인별로 진단하고 적합한 학습 전략을 설계해 주는 프로그램이었다.

첫째 주의 중점 코칭 주제는 코치와의 관계 형성을 위한 학생 히스토리를 듣는 것으로 정하여 학생과 인격적인 만남, 친밀감 형성을 목표로 진행하였다. 둘째 주는 학습 목표 세우기, 셋째 주는 학습 환경 만들기, 넷째 주부터는 공부 도구인 4개의 노트를 활용하여 과목별로 코칭하여 각 주별로 교육과 코칭을 진행해 나갔다.

스스로 학습하는 데 미숙한 중위권 학생들은 3개월에 걸친 공신 공부법 코칭을 통해 눈에 확연하게 보일 만큼 자기 주도 학습 능력이 신장되었다. 학생 스스로 자기 자신에 대한 확신이 생긴 것이다.

다음의 코칭 일지를 보면 알 수 있듯이 학습 종합 진단을 먼저 실시하였다. 진단 항목은 공부에 대한 관심도, 동기 부여 상태, 예습-수업-복습의 사이클 형성, 공부에 대한 자신감, 공부에 대한 부담감 등이었다. 측정을 하고 보니 학생의 상태를 정서·인지·행동적 관점에서 충분히 알 수 있었고, 어떤 방식과 전략을 가지고 교육과 코칭을 해야 할지 그림이 그려졌다. 안타까웠던 것은 참가 학생들은 오랫동안 학원을 다니며 학원에서 내주는 숙제를 하면서 익힌 방식이 고작이었다. 진단지에 나온 것처럼 공부에 대한 관심도, 동기 부여 상태, 효과적인 학습 경험을 진단해 보니 학생들을 어떻게 도와주어야 할지 전략이 그려졌다. 결국 학생 개개인이 가지고 있는 특성에 따른 공부법을 스스로 터득할 수 있도록 도와주어야 한다는 생각이 절실해졌다.

학생 개별 코칭 일지 사례

학생 이름	김 ○ ○	상담 날짜	5월 25일
코칭 회차	1회	담당 코치	엄 명 종

상담 내용
중점 코칭 주제 : 진단 검사지 분석

학습 종합 진단
1. 공부 무관심(19 : 보통)
공부에 대해서 어느 정도의 관심을 가지고 있으나 나름은 공부를 왜 해야 하는

지에 대한 다소의 회의감도 가지고 있다. 뚜렷한 목적이 있어서 공부를 한다기보다는 주변 사람들의 눈치나 전체적인 분위기에 편승해서 공부를 한다고 볼 수 있다. 그러나 공부를 해야 한다는 것에 대해서는 의심하지 않는다.

2. 공부 동기 부여(33 : 높음)

공부를 해야 하는 이유에 대해서 동기가 충분히 부여되어 있다. 자기 스스로 성취감을 느끼고 있으며 공부를 통해서 무엇인가를 이루어야겠다는 각오를 하는 편이다. 앞서가고 싶어 하고 공부를 잘하고 싶어 하며 노력해서 성취했을 때의 기쁨을 알고 있다.

3. 효과적인 공부 습관(23 : 보통)

공부를 효과적으로 하는 것에 대해서 아직 부족한 편이다. 동일한 시간을 공부하더라도 보다 효과를 올릴 수 있는 방법에 대해서 익힐 필요가 있으며 이 부분에 대해서 주변 사람들의 도움을 받아야 한다. 그리고 좋은 습관의 정착을 통해서 보다 효과적인 공부 습관을 만들 필요가 있다.

4. 학습 유능감(25 : 보통)

하려고 하면 뭔가를 해내기도 하지만 종종 어려움에 부딪혀 극복하지 못하는 경우에는 포기하기도 한다. 자기 자신의 능력에 대해서 아직 확신하지 못하는 상태이나 어느 정도의 승부욕은 갖추고 있으므로 끊임없이 해 보려는 의지를 가지고 있다. 보다 많은 도전을 통해서 자신의 능력을 향상시킬 필요가 있다.

5. 공부 부담감(25 : 보통)

공부를 하는 것과 그 결과에 대해서 어느 정도의 부담감을 가지고 있다. 긴장감을 느끼기도 하고 불안감을 느끼기도 하지만 우려할 만한 수준은 아니다. 오히려 그런 긴장감을 잘 이용함으로써 공부에 대한 집중도나 목표 성취도를 높일 수도 있다. 적절한 수준의 공부에 대한 부담감은 본인의 조절에 따라 긍정이 될 수도 있고 부정이 될 수도 있으니 너무 걱정할 필요는 없다.

코치 의견

공부의 가장 큰 장애물은 핸드폰과 친구 관계라고 고백했음. 공부를 하다가 힘들고 어려우면 회피하는 경향이 있다 보니 집중력 있게 공부하기 어려움. 차근차근 한 단원을 갖고 충분히 소화시킬 수 있는 경험이 절대적으로 필요함.

❖ 태도 변화 이론을 알면 기다릴 수 있다

　일대일로 학생들을 코칭하고 난 뒤에는 개별적 특성에 맞는 공부법을 제시해 주고 학생 성향에 맞는 전략도 함께 만들어 주는 것이 중요하다. 부모가 코치가 되어 자녀를 코칭해 주기를 원한다면 기본적으로 학습의 기본 단계를 알고 있으면 도움이 된다.

　자전거를 예를 들어 보자. 자전거를 보자 마자 처음부터 바로 타는 사람은 없다. 처음에는 가르치는 사람이 자전거 타는 방법에 대해 설명을 해 주어도 탈 수가 없다. 이를 1단계 무의식적 무능력 단계라고 한다. 가르치는 사람이 여러 번 설명을 해 주면 학습자는 조금씩 타다가 넘어진다. 이때를 2단계 유의식적 무능력 단계라고 한다. 어떻게 타는 것인지 학습자가 생각은 하지만 제대로 못 타는 것이다. 그러나 학습자가 반복해서 계속 타는 연습을 하다 보면 조금씩 실수에서 벗어나는데 이때 학습자는 원리를 터득하게 되고 제대로 타게 된다. 이를 3단계 유의식적 유능력 단계라고 한다. 마지막 4단계는 원리를 생각하지 않아도 자연스럽게 자전거를 타는 단계이다. 이를 무의식적 유능력 단계라고 하는데 이 단계를 습관이 형성되었다고 본다.

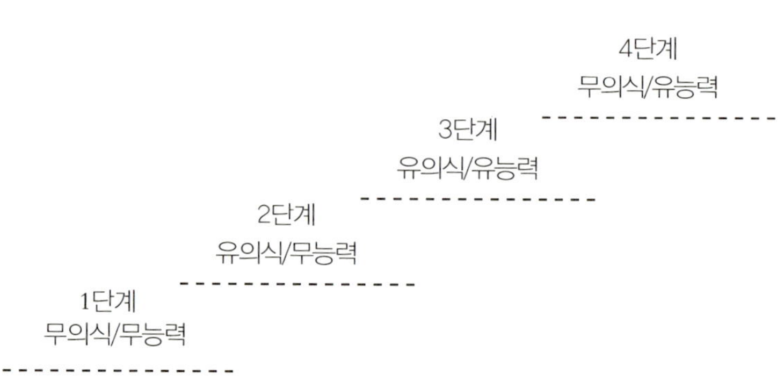

코치는 학생이 공부를 할 때 몇 단계인지 식별하는 눈만 가지면 된다. 4단계인 무의식적 유능력 단계를 목표로 삼고 학생이 완전 학습을 했는지 못했는지만 파악하면 된다. 제일 좋은 방법은 학생에게 그날 배운 것을 바로 설명해 달라고 요청하는 것이다. 제대로 설명하면 완전 학습이 된 것이다. 그러나 "잘 모르겠는데요.", "기억이 잘 나지 않아요." 식으로 답변한다면 완전 학습이 되지 않은 것이다. 뿐만 아니라 수업 시간도 잘못 보냈을 확률이 높다. 혹시 내 자녀가 공부를 잘하고 있는지 궁금한가? 그렇다면 이 태도 변화 이론을 토대로 지금 무엇을 도와주어야 할지 고민해 보길 바란다. 태도 변화 이론을 알면 부모는 기다릴 수 있고 전략을 제시할 수 있다.

❖ 진단 후 처방하고 전략을 제시하라

병원에서 어딘가가 아프다는 진단을 받으면 처방전을 받는다. 공부법도 마찬가지로 문제가 있다고 판단이 되면 바로 처방을 해야 한다. 처방을 하려면 처방에 필요한 약이 어떤 종류가 있고 어떤 효력이 있는지 알아야 한다.

자아 효능감

자아 효능감은 특정 행동 영역에서 자신의 능력에 대한 믿음을 말한다. 보통 학생이 과제를 미루거나 문제를 풀다가 계속 다른 행동을 보인다면 자아 효능감을 살펴볼 필요가 있다. 사람은 어떤 일을 시도

하기 전에 효과가 있을 것이라는 확신이 있어야 그 일을 시도한다. 만일 실패할 것이라고 생각하면 그 일을 하지 않는다. 즉 개인의 자아 효능감이 주어진 과제에 대한 자신감을 갖게도 하고 그렇지 않게도 한다. 이를 해결하려면 초등학교 저학년 때부터 과제에 대한 자신감을 심어 주어야 한다.

자아 존중감

습관적으로 과제를 미루는 학생들은 그렇지 않은 학생들과 비교했을 때 지능적인 면은 크게 차이가 없었으나 자아 존중감이 낮다는 연구 결과가 있다. 자아 존중감이란 자신에 대한 스스로의 평가로 자신의 능력, 행동에 대해 자신이 부여한 가치를 말한다. 과제를 계속 미루는 습관을 갖고 있는 학생들은 자신이 과제에서 실패하여 무능한 사람으로 보이기보다는 차라리 아무것도 하지 않음으로써 자기 자신을 보호하려는 경향이 있다.

회피와 불안

회피와 불안 증상이 있는 학생은 어려운 수학 문제를 풀 때 어려우면 문제집을 덮고 냉장고를 여닫으며 먹을 것을 찾는다. 힘들고 어려우면 문제를 해결하기보다 도망가는 것이다. 이런 친구들은 시험을 앞두고 예민해지거나 시험에 실패할 것이라고 예측하고 시험 결과에 대해 걱정을 한다. 이들은 학습 내용이 너무 어려워서 이해가 되지 않을 때 불안해하는 경향이 있다.

시간 관리

시간 관리는 어떤 일을 이루고자 하는 의지에서 비롯한다. 시간 관리를 잘하려면 과제의 목록을 작성하고 우선순위를 정해야 하는데, 그것을 하지 못하는 학생들은 과제를 수행하려는 목표가 없다. 학생들에게 시간 관리의 최대 적은 미루는 습관인데, 이들은 무엇이 중요하고 중요하지 않은지조차 구분하지 못하는 경향이 있다.

집중력

집중력이란 주변의 자극에 선택적 반응을 하고 중요한 과제에 정신을 유지하려고 자기 자신을 통제하는 능력을 말한다. 주의 집중은 학습에서 정보를 처리하는 첫 번째 단계이기 때문에 집중력이 학습 전반에 미치는 영향은 매우 크다. 집중력은 학업 성취 수준과 매우 상관이 높다. 집중력은 다양한 행동 전략을 통해 향상될 수 있기 때문에 올바른 습관을 갖는 것이 필요하다.

기억 전략

기억이란 외부의 입력을 내부의 처리 형태로 변환하여 저장해 두었다가 필요할 때 인출하는 과정이다. 기억은 학습 능력에서 매우 중요한 역할을 하는데 이 기억의 기초가 바로 정독이다. 바르게 읽는 과정에서 이해하고 부호화 작업을 거친 뒤 뇌에 저장이 된다. 저장된 정보를 꺼내 쓰는 것을 인출이라고 하는데 이 과정에서 자신의 언어로 재구성하여 정보를 꺼내는 작업이 수월해야 학업 성취도가 높다.

예습 · 복습

예습 · 복습은 아무리 강조해도 지나치지 않다. 그런데 의외로 예습 · 복습을 제대로 하는 학생들은 그리 많지 않다. 예습 · 복습의 사이클을 충실히 해내는 학생들은 학업 성취도가 높다. 이들은 학습 내용을 완전히 터득하여 자신의 것으로 만드는 내면의 힘이 있다.

요점 찾기

요점 찾기란 읽은 내용이나 들은 내용 중에서 가장 중요하고 중심이 되는 내용을 찾는 기술이다. 이 기술은 기억의 단서가 되어 쉽게 기억할 수 있도록 해 주는데 마찬가지로 읽기 기술이 전제가 된다. 읽기는 문자를 해독하거나 다른 사람의 아이디어를 받아들이는 과정을 넘어 독자가 주도적으로 텍스트의 의미를 재구성하는 고도의 인지적 기능이다. 따라서 글을 읽고도 무슨 뜻인지 모르는 학생들은 요점이 무엇인지도 모르기 때문에 고도의 읽기 능력을 먼저 키워 주어야 한다.

메타 인지

메타 인지가 높은 학생은 자기 능력의 한계를 스스로 인식하고 새로운 문제를 해결할 때 문제가 무엇인지 잘 이해하여 필요한 전략을 선택한다. 또한 학습 진행 정도를 검토하고 자신이 아는 것과 모르는 것을 구분하며 자기 조절 능력을 발휘하여 계획-실천-피드백의 사이클을 만들어 낸다.

시험 전략

시험 전략을 사용하는 학생은 시험 범위, 기본 개념을 미리미리 확인하여 준비한다. 이들은 시험 범위의 내용을 이미 여러 번에 걸쳐 반복 학습한다. 또한 시험 계획표를 합리적으로 작성하여 실제로 지켜 낸다. 시험 시간에는 시간 안배를 철저히 하고 시험 후에는 무엇이 잘못되었는지 알아내는 노력을 하는 학생이다.

위의 10개 개념을 코치가 이해하고 있으면 학생의 행동이 눈에 보이게 된다. 더불어 심리 검사를 할 때 위의 개념을 기반으로 측정 항목을 정해서 진단하기 때문에 처방에도 도움이 될 것이다. 다음은 진단과 처방에 따른 학습 코칭 전략을 제시한 코칭 일지이다.

학생 개별 진단 및 처방 일지

검사 결과	김**는 학습 종합 진단 검사를 통해 분석한 결과 비효과적인 학습 습관을 지니고 있고 회피와 불안 성향이 높은 것으로 나타나고 있다. 또한 수리력과 사고력이 부족한 것으로 나타나고 있으며 학습 전략 부분에서는 집중력과 실행력이 조금 부족한 반면에 학습 내용을 조직화하고 시험에 임하는 전략은 강점인 것으로 나타난다. 또한 학습 동기가 상당히 높게 나타나고 있어 본 학습 코칭 기간 동안 큰 효과를 보일 수 있으리라 기대한다.
코칭 결과	김**는 그동안 공부를 해야 한다는 의무감은 있었으나 예습-수업-복습의 절차를 제대로 하고 있지 않다고 스스로 깨달았다. 벼락치기 중심으로 공부를 해 온 것이 전부였기 때문에 스스로 공부를 한다는 것이 무엇인지 개념을 잡고 있지 못하고 있다. 검사 결과에 따라 현재 자신이 바꿔야 할 습관 2가지는 예습-수업-복습의 절차에 맞춰 공부를 해야 한다는 점, 읽고 이해하는 능력을 키우기 위해 교과서 정독을 5회 하는 것이라고 하였다.
개별 학습 코칭 전략	우선 책상에 앉아 있는 버릇을 들이는 것이 제일 중요하다고 코칭하였고, 계획표를 제대로 세우고 자기 조절 능력을 키울 수 있도록 플래너 사용법을 알려 주었다. 무엇보다 공부 도구 4가지인 개념 노트, 수업 노트, 이해 노트, 암기 노트를 차례대로 써 보면서 터득할 수 있도록 추후 지도하기로 약속하였다. 또한 장기적으로 자신의 진로 진학 목표를 보다 구체화할 수 있도록 탐색해 보기로 했다.

　학생 개별 진단 및 처방 일지는 검사 결과에 따른 내용을 바탕으로 학생의 생각을 먼저 들어 보는 것부터 시작한다. 스스로 바꾸고 싶은 습관이 무엇인지 코치가 질문하는 것이 제일 중요하다. 왜냐하면 코치와 함께 스스로 다짐한 약속이 오히려 지키기 쉽기 때문이다. 제시된 전략은 학생이 미처 깨닫지 못한 유용한 팁이나 방법들이다. 학생 코칭 일지를 꾸준히 작성하고 관리하게 되면 변화 상태도 일관성 있게 관찰할 수 있다.

　다음은 학생들의 자기 주도 학습 능력을 진단하기 위해 활용하였던 주요 진단 체크 리스트이다. 학생에게 검사해 보도록 하고 어떻게 처방을 내리면 좋을지 생각해 보면 도움이 될 것이다.

자기 주도 학습 능력 진단 체크 리스트

	자기 주도 학습 능력 진단
1	성적이 차이 나는 것은 머리가 좋고 나빠서가 아니다.
2	학원이나 과외의 선택은 내가 스스로 필요에 의해서 결정했다.
3	계속 공부해 나가는 것에 대해 자신감이 있다.
4	공부를 반드시 해야만 하는 이유가 명확하다.
5	공부를 열심히 할 마음의 준비가 되어 있다.
6	정신적인 슬럼프에 빠질 때도 있지만 잘 이겨 낸다.
7	내 인생의 목표를 달성하기 위해서 지금의 공부를 한다고 믿는다.
8	공부뿐만 아니라 어떤 일도 남들에게 지고 싶지 않다.
9	부모님·선생님께서 조언해 주시는 말씀을 따라야 할 필요가 있다고 생각한다.
10	공부를 잘하기 위해서는 내 마음 자세가 제일 중요하다고 생각한다.
11	예습·복습을 한다.
12	나만의 공부 방법이 있다.
13	나보다 공부 잘하는 친구들의 공부 방법이나 습관이 궁금하다.
14	오답 노트나 요점 정리 노트를 만든다.
15	참고서나 문제집을 너무 많이 사지 않는다.
16	한 번 구입한 책은 끝까지 보는 편이다.
17	공부에서 암기와 이해는 함께 병행되어야 한다.
18	시험 결과에만 연연하지 않고 오답 노트를 만들어서 되돌아본다.
19	나의 취약 과목과 전략 과목을 알고 있다.
20	성적을 올리기 위한 공부법의 변화를 찾고 있다.
21	지금 해야 할 공부가 명확하다.
22	달성 가능한 분량의 공부 계획을 세운다.
23	시험에 대비해서 2~3주 전부터 구체적인 계획을 세워 공부한다.
24	일단 세운 계획은 충실히 실천하려고 한다.
25	방학을 대비한 계획을 세우고 방학 기간을 보낸다.
26	계획을 세워서 공부하는 것은 공부 습관에 도움이 된다.
27	외부적인 요소에 따른 계획 변경이 적은 편이다.
28	나만의 계획표가 있다.
29	자투리 시간에 대한 계획도 적극적으로 활용한다.
30	나만의 공부 시간 활용법이 있다.

3

태도와 기술을 연마하라

❖ 수업 성공을 위한 4가지 태도

수업은 학생들에게 매우 중요하다. 학교 생활 중 80% 이상이 수업 참여이기 때문이다. 수업 참여를 성공적으로 하게 되면 이후 방과후 학습도 성공할 확률이 높기 때문에 수업 성공을 목표로 이해하려는 의지와 암기하려는 의지를 높이는 것이 필요하다.

수업에서 성공하려면 무엇보다 학생 스스로의 이해하려는 의지, 배우려는 의지, 암기하려는 의지, 듣고자 하는 의지가 선행되어야 한다. 이 4가지 의지를 수업 성공을 위한 태도라고도 부른다. 그것은 만점 자세, 수업 듣기, 질문하기, 노트 필기 등으로 실천하며 의지력을 확인할 수 있다.

자기 자신과의 싸움, 만점 자세

보통 테니스를 칠 때 공을 잘 쳐 내기 위한 다양한 자세가 있다. 골프도 다양한 스윙 자세가 있다. 유도 선수는 업어치기와 누르기 등처럼 상대를 제압하고 이겨 내는 자세와 기술이 있다. 이처럼 공부도 자세가 있다. 공부에서 올바른 자세는 만점 자세이다. 만점 자세에서 눈은 교단의 선생님을 바라본다. 턱은 약 15도 정도로 유지하고, 다리는 직각으로 바닥에 발바닥을 놓는다. 손은 책상 위에 올려놓고, 허리는 바로 세우고 등받침대에 기대지 않는다.

이 상태를 유지하기란 쉽지 않다. 수업을 듣는 동안 몸이 뒤틀어지고 힘들겠지만 이겨 내야 한다. 공부 습관을 만들려면 무엇보다 몸을 공부 모드로 만들어야 하기 때문이다. 공부는 자기 자신과의 싸움이다. 그 첫 싸움이 자기 몸과 자세이다. 몸을 공부 자세에 맞춰야 한다. 자신의 앉는 자세를 언제나 바르게 만들어야 정신도 바르게 된다.

수업을 성공으로 이끄는 수업 듣기

학생들은 하루 중 가장 많은 시간을 학교에서 보낸다. 학교에서 주로 활동하는 것은 바로 수업 듣기이다. 수업을 듣는 이유는 간단하다. 혼자 모든 것을 이해하려고 하기보다는 선생님의 자세한 설명을 듣는 것이 훨씬 더 이해가 잘되기 때문이다. 이것은 학습 내용이 어려울수록 더욱 그렇다. 만약 학교 수업 시간에 충실하지 않으면, 나중에 혼자 공부하려고 할 때 약 5배의 힘과 시간을 더 사용해야 한다. 이 얼마나 안타까운 일인가? 물론 학원이나 과외를 통해 미리 선행 학습을 하면 수월할 수 있다. 그러나 정작 공부의 핵심은 반복과 확실한 이해에 있다. 내가 한 번 이해했다고 해서 그 내용이 100% 말끔하게 머릿속에 저장되는 것은 거의 불가능하다. 이미 알고 있다고 하기 전에, 공부의 핵심이 완벽한 이해와 암기의 반복이라는 점을 인식한다면 수업 시간은 정말 소중한 시간이 될 것이다.

'왜' 라는 질문을 갖고 수업 참가하기

질문의 수준은 질문하는 사람의 수준과 같다. 질문은 내용에 대한 이해가 기본적으로 있어야만 할 수 있다. 공신들은 수업에 임하기 전에 자신이 궁금했던 내용을 가지고 수업을 듣는다. 수업에 참가하면서 자신이 궁금해하는 것을 선생님께서 어떻게 설명하시는지 비교한다. 아무래도 비교하며 수업을 듣기 때문에 딴 짓을 할 수가 없다. 그럼에도 불구하고 수업 끝부분까지 선생님이 설명을 해 주지 않으면 노트에 적어 두었다가 선생님에게 질문하여 하루를 넘기지 않는다.

효과적인 지식 축적 노하우, 노트 필기

노트 필기를 부담스러워하는 학생이 많다. 그러나 공부를 효율적으로 하려면 지식을 체계화하는 요령이 필요한데, 그 대표적인 방법이 노트 정리이다.

노트 필기를 하는 목적은 단기 기억을 강화시켜 방과후에 효과적인 복습을 하기 위해서이다. 그러나 문제는 글씨를 잘 쓰지 못하는 학생들이다. 이들은 자신이 쓴 노트를 보고도 무슨 내용인지 알아보지 못한다. 이런 학생들은 시간이 더 흐르기 전에 글씨 교정을 해 주어야 한다. 노트 필기는 수업 시간에 집중력을 강화시켜 줄 뿐만 아니라 적는 행위를 통해 암기에 도움이 된다. 코치는 학생들이 노트 필기의 중요성을 정확하게 인식하고 자신만의 노트 필기 방법을 개발하도록 도와주어야 한다.

❖ 수업 집중력을 향상시키는 3가지 기술

집중력은 의지에서 비롯한다. 예를 들어, 학생에게 어떤 질문을 했는데 무반응이면 의지가 없는 것이며, 바로 답을 하는 경우는 의지가 있는 것이다. 의지를 깨우고 집중력을 회복하기 위해서는 의지력을 키우는 것이 답이다. 집중력을 향상시키는 기술을 터득하게 하여 수업 시간에 활용하도록 하는 것이 좋다.

1:1 요법

1:1 요법이란 수업 시간에 선생님의 수업을 들으면서 선생님과 자신이 1:1로 수업을 한다고 치고 수업을 듣는 방법이다. 우리의 뇌는 현재와 미래를 구분하지 못하기 때문에 상상을 하는 것만으로도 큰 효과를 보기도 한다. 앞에서 강의하는 선생님과 1:1로 수업을 한다고 치고 수업을 들으면서 모든 주의를 선생님에게 향하면 집중력 강화에 도움이 된다.

끄덕 절레 요법

1:1 요법을 한 상태에서 끄덕 절레 요법을 활용하는 것이 매우 중

요하다. 먼저 끄덕 요법은 선생님이 설명을 할 때 이해가 되면 고개를 끄덕이는 방법이다. 수업 시간에 수많은 학생 중에서 선생님은 누구를 쳐다보며 설명을 할까? 바로 고개를 끄덕이는 학생을 쳐다보며 수업을 진행하게 된다. 만약 선생님 말씀이 이해가 안 되면 고개를 절레절레 흔들면 된다. 이는 선생님께 설명 내용을 잘 모르겠다고 신호를 보내는 것이다. 선생님은 당연히 고개를 절레절레 흔드는 학생을 보면서 다시 설명할 것이다.

끄덕 절레 요법을 활용하는 순간 그 학생은 수업 진도의 기준이 된다. 선생님을 자신만의 개인 교사로 만드는 비결이다. 이렇게 되면 선생님도 열의를 가지고 학생들을 가르칠 것이며 배우는 학생도 보다 열심히 수업에 임하게 된다.

"수업 시간에 선생님 혼자서 진도만 나가던데요." 하고 말하는 학생이 있다. 누가 잘못한 것일까? 가르치는 선생님도 문제이지만 전혀 반응하지 않는 학생에게도 문제가 있다. 성공적인 수업은 선생님이 앞에서 끌고 학생이 뒤에서 밀어 줄 때 효과가 크다. 서로 밀어 주고 당겨 주는 원리를 알지 못하고 투덜거리기만 한다면 수업은 모두에게 지옥이다.

아하 요법

끄덕 절레 요법을 활용했다면 아하 요법도 써 볼 것을 권한다. 아하 요법이란 수업 시간에 자신이 깨달은 것을 "아하" 하고 입을 벌리고 소리를 내는 방법이다. 큰 소리를 내기보다는 입만 벌리고 고개를 끄덕이면 된다. 그러면 선생님은 "아, 이 녀석이 깨달았구나."라고 인식하고 신이 나서 더 많은 것을 알려 줄 것이다. 깨달은 것은 반드시 노트에 표기하여 잊지 않으려는 의지도 발휘하면 좋다.

❖ 공부 원리 4단계

"지금 무엇을 공부해야 하는지 잘 모르겠어요."

"그동안 어떤 것을 해 왔니?"

"한 2주간 손을 놓았더니……잘 모르겠어요."

학습 코칭을 받던 동건이와의 대화이다.

중학교 1학년인 동건이는 중학교에 올라와서 집중력이 많이 떨어졌다. 중학교 시절의 공부 양은 초등학교 시절에 비해 10배 이상 많다고 생각하고 있었다. 그러다 보니 2개월 동안은 수업을 잘 따라갔으나 얼마 지나지 않아 몸이 지쳤는지 공부에 손을 놓았다. 손을 놓았다가 다시 공부를 해 보려고 하니 사이클을 놓친 것이다. 동건이는 공부 원리를 알지 못했다. 공부 원리를 아는 학생은 자신이 지금 무엇을 해야 할지, 하지 말아야 할지 안다.

공부의 한자를 살펴보면 장인 공(工), 지아비 부(夫)라는 한자를 볼 수 있다. 여기서 주목할 한자는 지아비 부이다. 지아비 부의 본래 뜻은 하늘을 뚫을 만한 경지에 오른 사람을 말한다. 즉 훌륭한 부모가 되기 위해 공부를 하는 것이다. 훌륭한 부모는 깨닫는 것이 많아 다양한 패러다임을 갖고 있는 사람이라는 뜻이다. 결국 공부란 몸을 훈련시켜 이치를 깨달아 아는 경지에 이르는 과정이라고 할 수 있다.

보통 학생들이 "공부했어요."라고 이야기할 때 코치의 관점은 '깨달음'에 있어야 한다. 그리고 질문해야 한다. "오늘 학교 수업에서 깨달은 것은 무엇이니?"와 같은 질문으로 학생 스스로 깨달은 것을 되새겨 볼 수 있도록 생각을 전환시켜 주어야 한다. 이런 깨달음의 단계에 이르기 위해서는 공부 원리를 이해하고 공부 도구로 터득하는 것이 바람직하다.

공부 원리는 총 4단계로 이루어져 있다.

첫째, 이해이다. 이해란 사리를 분별하여 해석한다는 뜻이다. 필자는 학생들의 심리 검사 결과지를 분석할 때 '이해력' 항목을 유심히 살펴본다. 이해력이 낮은 학생들은 기본적인 어휘력과 문맥의 논리가 약하기 때문에 글의 핵심을 놓치는 경우가 많다. 이는 글을 읽는 방법이 잘못되었다는 뜻이다. 따라서 글을 읽는 방법을 잘 배워야 한다. 글을 읽는 방법을 잘 배우면 이해력이 높아질 뿐만 아니라 학습 동기도 능동적으로 바뀌게 된다.

둘째, 요약이다. 요약이란 말이나 글의 요점을 잡아서 간추리는 행위이다. 열심히 공부했는데 성적이 오르지 않거나, 책을 읽었는데 내용은 알 수 없다면 이는 지문의 핵심 주제를 찾는 기술이 부족하기 때문이다. 요약은 읽은 내용이나 들은 내용 중에서 가장 중요하고 중심이 되는 내용을 찾는 기술이다. 요약 기술은 이해력을 증진시킬 뿐만 아니라, 기억의 실마리가 되어 암기를 쉽게 해 주기도 한다. 공부를 할 때 요점을 찾는 기술은 올바른 읽기와 올바른 듣기가 선행 조건이다.

셋째, 암기이다. 암기란 외워서 잊지 않는 것을 말한다. 외워서 잊지 않기 위해서는 앞의 2단계인 이해가 전제 조건이다. 수업 시간에 이해한 것을 요약하고 외우는 것이 암기이다. 이해하지 않고 외우는 것은 독학이다. 완벽한 암기는 언제든지 끄집어낼 수 있다. 따라서 학생이 암기를 하는지 아니면 독학을 하는지 코치는 얼굴을 보고 관찰 식별을 잘해야 한다.

넷째, 적용이다. 적용이란 알맞게 이용하거나 맞추어 쓰는 것을 말한다. 어떤 문제가 주어졌을 때 해결하기 위해서는 알맞게 쓸 지식이 무엇인지 구분할 수 있어야 한다. 자신이 가지고 있는 지식을 유용하게 활용할 수 있어야 하는데 그러기 위해서는 방대한 학습의 양을 구조화하여 언제든지 출력할 수 있는 상태로 준비해야 한다. 적용을 잘하려면 주기적으로 지식을 구조화하고 평가하여 말이나 글로 표현할 수 있어야 한다. 그래야 성공적인 시험을 치를 수 있다.

위의 공부 원리 4단계를 적용해서 만든 것이 바로 공부 도구이다. 공부 도구로는 개념 노트, 수업 노트, 이해 노트, 암기 노트가 있는데, 이는 뒤에서 좀 더 소개하도록 하겠다.

4

공신은 목표가 분명하다

❖ 공신은 공부의 이유를 먼저 생각한다

공신 1,000명을 인터뷰하면서 가장 인상에 남는 질문은 "왜 공부를 하십니까?"이다. '공부는 꿈을 이루어 주는 수단'이라는 답변이 가장 많았다. 공부가 재미있어서 처음부터 열심히 했다는 학생은 그리 많지 않았다. 그러나 분명한 것은 공부를 잘하면 직업을 선택하는 폭도 넓어지고 자신이 하고 싶은 것을 할 수 있는 기회도 쉽게 잡을 수 있다는 생각이 지배적이었다. 예를 들어, 변리사가 되어 특허 시장에서 독보적인 존재가 되고 싶다, 인권변호사가 되어 가난하고 소외된 사람들의 대변자가 되고 싶다, 돈을 많이 벌어서 좋은 학교를 세우고 싶다는 식으로 생각이 분명했다.

그 다음에 한 질문은 "언제부터 그런 생각이 들었나요?"였는데 그들의 대답은 한결같이 중·고등학교 시절이라고 했다. 어떻게 그런 생각을 하게 되었는지 심층 질문을 해 보니 자신의 꿈이나 미래에 대해 지속적으로 대화를 나누는 상대가 있었다는 점이 특이했다. 사춘기 시절부터 공부의 이유를 충분히 생각해 볼 수 있는 시간을 갖는 것이 학업 성취에 절대적으로 도움이 된 것이다. 다음은 공부의 이유를 발견하기 위한 코칭 질문들이다.

-무한한 시간과 돈이 주어지면 나는 무엇을 하고 싶은가?

-나의 꿈을 잊어버렸다고 느낀 순간은 언제인가?

-나는 죽었을 때 세상 사람들에게 어떻게 기억되길 원하는가?

-만약 내가 신문에 꿈을 이룬 사람이라고 기사가 났다면 부모님, 친구, 선생님은 각각 뭐라고 이야기해 주면 좋겠는가?

-죽기 직전에 딱 한 권의 책을 쓸 수 있다면 무엇에 관한 책을 쓰고 싶은가?

-자신이 좋아하고 잘할 수 있는 일 10가지만 적어 보라.

-나의 삶의 롤 모델을 떠올려 보라. 그의 어떤 점이 본받고 싶은가?

-과거의 역사 인물을 만날 수 있다면 누구와 만나 이야기를 나누고 싶은가? 왜 그 사람을 만나고 싶은가?

-현재 학교의 모든 과목 성적이 만점이라면 나는 어떤 직업을 선택하고 싶은가?

-나는 앞으로 누구를 도우며 살고 싶은가?

-돈, 명예, 권력이 있다면 나는 무엇을 선택할 것인지 이야기해 보라. 그 이유는 무엇인가?

위의 질문은 모두 학생의 가치관을 알아보는 질문들이다. 이 질문을 충분히 묵상하고 대답해 보면 조금씩 자신이 몰랐던 부분을 발견할 수 있다. 왜냐하면 생각하게 만드는 질문은 스스로 답을 찾아가도록 돕는 내비게이션과 같은 역할을 하기 때문이다. 다시 말해 어떻게 질문을 하느냐가 생각을 열어 주기도 하고 죽이기도 한다. 따라서 코치는 학생과 상호협력적인 관계를 유지하면서 효과적인 질문으로 학생의 생각을 열어 주는 것이 반드시 필요하다.

❖ 좋은 공부의 이유를 생각하자

공부의 이유는 공부의 목표가 되기 때문에 대화를 통해 학생의 가치관을 살펴보는 것이 좋다. 특히 '좋은 공부의 이유는 어떤 것일까?'를 생각해 보는 것이 필요하다. 좋은 공부의 이유란, 첫째, 나와 남을 위한 공부, 둘째, 우리 사회에 불편한 것을 편하게 만들 수 있도록 돕기 위한 공부, 셋째, 보다 인간답고 의미 있는 공부를 말한다. 다음 예를 보자.

아프리카 마을에 석유가 나왔다. 석유를 발굴하기 위해서 글로벌 기업이 찾아왔다. 한 사람에 6달러씩을 주고 마을주민을 고용했고 석유를 시추하기 시작했다. 석유가 생산되기 시작하자 글로벌 기업은 석유에 대한 권리를 빼앗기 위해 지급했던 6달러를 석유생산권에 대하여 지불한 것이라고 주장했고 주민들로부터 권리를 빼앗았다. 그들은 수십억

달러의 이익을 챙겼고 원래 권리를 가져야 할 아프리카 주민들은 그들의 노예처럼 살게 되었다. 공부를 많이 하지 못한 아프리카 주민들은 현상을 이해하고 인과 관계를 파악하는 능력이 부족했다. 반면에 공부를 많이 한 기업인들은 석유생산권을 부당한 방법으로 빼앗은 것이다.

위의 이야기는 공부의 이유를 설명해 주는 아주 단편적인 사례이다. 글로벌 기업의 임직원들은 이익을 내기 위해 '공부'를 활용했으나 그것은 나와 남을 위한 공부이기보다는 나만을 위한 공부였다.

좋은 공부의 이유를 탐색하려면 초등학교 때부터 꾸준히 이야기를 나누는 것이 좋다. 필요하다면 어린이 신문을 구독하여 각종 기사에서 다양한 예시를 찾아보고 불의한 것은 무엇인지, 불의함을 정의로 바꾸기 위해서는 무엇을 공부해야 하는지 식으로 코칭 대화를 나눈다면 자녀에게 아주 좋은 학습 동기가 될 것이다.

❖ 나만의 공부 이유를 정립하자

자신만의 공부 이유를 정립하는 것은 뿌리 깊은 나무를 심는 것과 같다. 공부의 이유를 알고 이를 문서화한 학생은 인생의 나침반을 가진 효과가 있기 때문에 늘 자신감이 있다. 또한 학년이 올라가면 올라갈수록 슬럼프도 지혜롭게 이겨 나간다. 이는 마치 비행기가 목적지를 향해 갈 때 자동 항법 장치를 달고 가는 것과 똑같다. 가끔은 비행기가 이상기류로 흔들리고 위태로운 지경에 이르더라도 다시 목적지를 향해 비행할 수 있는 것은 바로 비행의 나침반인 자동 항법 장치가 있기 때문이다. 따라서 흔들리지 않는 공부의 이유가 필요하다. 다음 표들은 자신만의 공부의 이유를 발견할 수 있도록 돕는 자료들이다. 각 표의 지시에 따라 작성해 보면 도움이 될 것이다.

먼저 자신의 큰 관심 분야 3가지를 고른다. 그 다음에는 중요하게 여기는 삶의 가치 목록에서 자신이 살아가면서 가장 중요하게 여기는 가치 3가지를 고른다. 그 다음에는 자신을 표현하는 동사 목록에서도 3가지를 고른다. 자신을 표현하는 동사 3가지도 골랐으면 총 9가지의 단어를 가지고 취사 선택하여 작성해 보자.

자신의 큰 관심 분야

환경 보호	정치문화	패션	여성 권리 신장
가정 문제	종교	미술	성문제
교육 정책	경제	출판	원예
심리	경영	음악	토목
인테리어	고위공무원	영화	잡지
노인	사회복지	디자인	신문
어린이	외식 서비스	스포츠	게임, 완구 제작
가난한 사람	자동차	요식업	생물공학
집 없는 사람	전기, 전자	컴퓨터	의학
해외 개발	영업, 판매	광고	약학
에너지 개발	연예계	사진	방송
금융업	탈북민	건축	증권
사법 제도	통신업	여행	수산업
이벤트업	관광사업	은행, 보험	축산업
빈곤퇴치	국방, 군대	부동산	이 · 미용
약물남용자	우주 개발	모델	기후 변화
미혼모	동물 보호	부동산개발	마술
안전	노사화합	농업	청소년

중요하게 여기는 삶의 가치 목록

경제적인 여유	즐거운 생활
몸과 마음의 여유	종교를 통한 마음의 안정
사회봉사 활동	진실한 우정
정의로운 사회	남들로부터의 존경과 인정
가족의 안전	물질적으로 풍요로운 삶
선택할 수 있는 자유	예절 바른 생활
풍부한 상상력과 창의성	책임감 있는 생활 태도
꾸준히 이어가는 성실함	타인의 잘못을 이해할 수 있는 포용력
모든 사람이 공평한 기회를 갖는 것	고난을 이겨 낼 수 있는 인내력
이성과의 완전한 사랑	솔직한 마음
지혜롭고 똑똑함	자신의 신념을 이어 가는 용기
남에게 의존하지 않는 삶	남을 배려하는 마음
자극적이고 신나는 생활	옳고 그름을 구별하는 능력
활동적이고 의욕적인 생활	예술적 가치를 누리는 삶
평화로운 세상	부모님의 재산
자기 일에 대한 보람	친구의 성공
자연을 사랑하는 마음	자기 능력의 발휘
애국심	도덕(윤리)

자신을 표현하는 동사 목록

가르치다	갱신하다	고양시키다	놀다
감독하다	거래하다	고취하다	대접하다
감동시키다	견디다	공명하다	동기화시키다
감상하다	결정하다	공유하다	만들다
감소시키다	결합시키다	관대하다	만족하다
강제시키다	경감시키다	구축하다	만지다
강화시키다	경쟁하다	기획하다	말하다
갖다	계몽하다	기억하다	명령하다
개선하다	고려하다	깨닫다	명시하다
개정하다	고안하다	꿈꾸다	모으다
모험하다	상담하다	연결하다	저축하다

모형을 만들다	상승하다	연락하다	전진하다
묵상하다	생각하다	연습하다	점화하다
믿다	생산하다	연합시키다	정제하다
반영하다	생성하다	열다	제공하다
받다	선발하다	열중하다	제시하다
발견하다	선택하다	영양을 공급하다	조달하다
발전시키다	설득하다	영향을 미치다	저장하다
방어하다	성취하다	완수하다	조직하다
번역하다	세우다	요구하다	존경하다
보여 주다	소유하다	용서하다	존중하다

공부 이유서

내가 공부하는 이유는 [   ] 분야에서
[   ] 가치를 실현하고
[   ] 위함이다.

나만의 공부 이유를 작성했으면 이제부터 이런 삶을 살기 위해 앞으로 어떻게 공부하고 어떤 자세와 생활 습관으로 살아갈 것인지 고민해 보고 코치와 학생이 함께 대화를 나누면 좋다.

문서화된 공부 이유서는 공부하는 책상 앞에 붙여 두고 힘들고 어려울 때마다 읽고 셀프로 동기 부여를 하는 것이 좋다. 이는 효과적인 자기 관리의 일부가 된다.

공부의 이유를 문서화했으면 이제는 보다 구체적으로 단기 계획을 세우는 것이 필요하다. 학생들에게 장기 계획을 세워 보도록 하는 것도 좋지만 당장 진학과 관련하여 3년에서 5년 후의 단기 계획을 세워 보는 것이 동기 부여에 훨씬 낫다.

진학 로드맵을 구체화시키기 위해서는 대학 입학을 목표로 거꾸로 계획을 세우는 것이 좋다. 예를 들어, 5년 뒤에 대학 입학이라고 가정한다면 입학하고자 하는 목표 대학과 학과를 정하고 이에 따른 필요한 능력, 지금 당장 해야 하는 것, 버려야 하는 습관 등을 작성하는 것이다.

공부의 이유: ____

	1년	2년	3년	4년	5년
목표					
필요한 능력					
해야 할 것					
버려야 할 습관					

5

공부 원리를 공부 도구로 터득하라

❖ 기본에 충실한 공신들의 독해 전략

독해는 학습 코칭에서 가장 중요하고 기본이 되는 기술이다. '독해가 무슨 기술일까?'라고 의심하는 사람도 많지만 사실 제대로 읽고 제대로 이해하는 학생은 그리 많지 않다. 독해 능력이 부족한 고등학생들에게 수능의 언어 영역 지문을 읽어 보라고 하면 우선 읽고 이해하는 데 많은 시간이 걸린다는 것을 알 수 있다. 그러다 보니 지문을 읽고 또 읽어야 하는 불상사가 일어난다. 수능이라는 시험은 주어진 시간 안에 지문을 읽고 문제의 패턴과 핵심 내용을 파악해야 하는데 독해 능력이 부족한 학생들은 제대로 읽고 이해하는 능력이 부족하여 점수가 잘 나오지 않는다.

학교 내신도 마찬가지이다. 학교 내 시험 역시 점진적으로 서술형 문제 중심으로 바뀌고 있는데 이는 읽고 요약 정리를 잘하는 학생들에게 매우 유리하다. 즉 독해 능력이 좋아야 학교 시험도 잘 준비할 수 있다.

앞서 말했듯이 독해는 바르게 읽기가 시작이다. 글을 바르게 읽고 이해해야 글의 핵심 내용을 파악하기가 수월한데, 이는 읽기 학습법으로 가능하다. 사실 효과적인 읽기 학습법은 이미 중학교 국어 교과서에 한 번씩은 소개되었다. 그 중 필자가 일대일 학습 코칭과 공신 캠프를 통해 효과성을 검증했던 방식은 중학교 국어 교과서에 소개되었던 SQ3R독서법이다.

SQ3R 독서법으로 읽기 기술 연마하기

SQ3R 독서법은 프랜시스 로빈슨이 1941년에 개발한 것으로 매우 널리 알려졌고 효과도 높다. SQ3R(전략 통합적 읽기)는 로빈슨이 대학생들을 위한 학습 전략으로 개발한 것인데, 중·고등학교나 초등학교 고학년에서도 이 방법을 사용할 수 있다.

SQ3R 독서법은 훑어보기(Survey), 질문하기(Question), 읽기(Reading), 회상하기(Recite), 점검하기(Review) 5단계로 이루어진다. 이 독서법은 책의 전체 주제나 소주제를 의문문으로 바꾸고 그에 대한 해답을 찾는 식으로 독서가 이루어진다. 이러한 독서법은 집중력이 부족하여 중심 내용을 제대로 찾지 못하는 학생이나, 방금 전에 읽은 내용도 제대로 정리하지 못하고 잊어버리는 학생들의 문제를 해결할 수 있다는 점에서 아주 유용하다.

5단계는 전체 내용이 무엇인지 알기 위한 훑어보기, 각각의 진술을 문제로 바꾸어 보는 질문하기, 질문에 대한 해답을 찾으며 글을 읽기,

SQ3R 독서법

훑어보기 (Survey)	글의 전체 윤곽을 파악하기 위하여 글의 제목이나 소제목, 요약 부분을 대충 살펴본다.
질문하기 (Question)	글을 읽으면서 알고자 하는 내용이 무엇인지 코치가 질문하거나 문제 목록을 만든다.
읽기 (Reading)	문제를 생각하면서 해답을 찾기 위해 글을 읽는다.
회상하기 (Recite)	글을 다시 읽지 않고 말이나 글로 문제의 해답을 정리한다.
점검하기 (Review)	글을 다시 읽으면서 해답을 확인하고 주제를 중심으로 내용을 정리하여 전체 의미를 구조화한다.

자신의 말로 발견한 것을 회상하기, 정확하게 이해하였는지 점검하기이다.

훑어보기(Survey)

미리보기(Preview) 혹은 예측하기(Predict)라고도 한다. 매우 짧은 시간에 필자의 의도와 목적을 파악하고, 핵심 내용을 파악하기 위해 필요한 정보를 수집하는 것을 목표로 한다. 글을 상세히 읽기 전에 전체를 간단하게 살펴본다. 제목과 부제를 확인하고, 상위 개념과 하위 개념의 구조를 파악하고, 서론과 요약 및 참고 사항 등을 본다.

1. 제목 읽기 : 무엇에 대한 것인가? 주제에 관해 자신이 이미 알고 있는 배경 지식을 생각하기 → 독자가 주제를 쉽게 수용할 수 있도록 준비시켜 주는 역할을 한다.

2. 서론이나 첫 문단 읽기 : 각 장의 중심 생각은 대개 이 위치에 있다.

   → 필자의 목적에 맞추고, 핵심에 대한 필자의 강조점을 파악하게 한다.

3. 소제목, 목차 읽기 : 강조문자나 본문과 다른 문자로 된 제목으로 글 전체 위계 파악 → 읽기 전에 글을 조직하고, 상세한 내용 구조를 형성하게 해 준다.

4. 각 제목 아래 문단이나 문장 읽기 : 각 부분의 개관을 얻을 수 있다.

5. 그래프, 그림 등 보기 : 시각 자료는 핵심을 강조하는 것이 많다. 또 요약 기능도 한다.

6. 마지막 문단이나 요약 읽기 : 글의 핵심이나 결론을 제시해 준다.

예문1

아테네 민주 정치가 발달한 과정과 배경을 이해하고, 그 특징을 현대의 민주 정치와 비교할 수 있다. 오리엔트 지역에서 고대 문명이 발달하고 있을 때 에게 해의 크레타 섬, 미케네, 트로이에서도 청동기 문명이 일어났다. 에게 해 주변 지역에서 일어난 청동기 문명은 오리엔트 문화를 그리스에게 전해 주는 등 지중해 세계의 발전에 큰 영향을 끼쳤다.

그리스 역사는 기원전 8세기 무렵 폴리스가 들어서기 시작하면서 새로운 전기를 맞았다. 그리스는 평야 지대에 적고 산간 분지가 많아 소규모의 폴리스가 발달하였는데, 해외에 건설된 폴리스까지 합치면 수백 개에 달할 정도로 그 수가 많았다.

예문1에서 가장 많이 반복되는 말은 '문명', 발달', '발전'이라는 단어이다. 훑어보기 단계에서는 이처럼 가장 많이 반복되거나 두드러지는 단어들을 보면서 중심 화제가 무엇인지 파악하는 것이 중요하다.

예문1에서 또 한 가지 주목해야 할 점은 이렇게 "아테네 민주 정치가 발달한 과정과 배경을 이해하고, 그 특징을 현대 민주 정치와 비교할 수 있다."라는 글로 시작하는 경우, 이 부분만으로도 이 글이 문명의 발달과 정치 발전이 어떤 특성에 의해 영향을 받았을 것이라는 것을 예측하면서 읽을 수 있다. 예측을 하고 읽으면 글의 전체적인 체계를 쉽게 잡을 수 있다.

예문2

폴리스들은 서로 독립적인 생활을 유지하여 정치적으로 통일을 이루지 못하였다. 하지만 그리스인들은 같은 민족이라는 동족 의식이 강하여 4년마다 올림피아 제전을 열어 민족의 결속을 다졌다.

대개 마지막에 자기의 핵심 주장을 이야기하는 형태가 많다. 이것을 보고, 앞부분에는 현대 민주 정치의 발달 배경이 지리적 악조건 속에 있었던 폴리스들의 동족 의식 때문에 생긴 올림피아 제전에서 찾을 수 있을 것이라는 예측을 할 수 있다.

질문하기(Question)

글을 읽기 전에 질문을 만들면 화자가 글을 쓴 목적이 무엇인지 알수 있다. 질문을 만들면 글을 깊이 읽고 사고하는 독자가 된다. 그리고 글을 읽는 동안 이해하고 유지하는 능력이 발달된다. 궁극적으로 글을 읽고 나면 질문에 대한 해답을 찾았다는 것을 깨닫게 된다.

글이 무엇에 대한 것인지 질문을 달고, 글에서 얻으려는 해답을 질문으로 만든다. 각 문단에서 해답을 얻으려고 하는 수만큼 질문을 만든다. 질문을 잘 만들면 글을 더 잘 이해할 수 있다. 읽어 나가면서 질문은 더해질 수도 있다.

예문3

르네상스 시대 사람들의 현세에 대한 관심은 자신이 살고 있는 세계와 자연에 눈을 돌리게 하였다. 그 결과, 자연을 있는 그대로 관찰하고 탐구하여 근대 과학과 기술의 발달을 촉진하였다. 코페르니쿠스와 갈릴레이는 지동설을 주장하여 중세의 우주관에 혁명을 일으켰으며, 구텐베르크는 활판 인쇄술을 발명하여 새로운 지식과 사상을 전파하는 데 크게 기여하였다. 한편, 중국에서 들어온 화약은 기사 계급의 몰락을 촉진하였고, 나침반은 개척에 이바지하였다.

이 글에서 해결해야 할 문제를 물음의 형식으로 바꾸어 보면, 첫째, 르네상스 시대의 특징은 무엇인가? 둘째, 현세에 대한 관심이 과학 기술과 신분 계급의 변화를 이끌었는가?로 요약할 수 있다. 읽기를 하면서 이 내용들에 대한 답을 찾는 것에 대해 중점을 두고 읽으면 보다 효과적으로 읽을 수 있다.

읽기(Reading)

읽기는 훑어보기를 하면서 자신의 질문에 정보를 채워 나가는 단계이다. 가능한 한 다른 부분보다는 시간을 많이 투자하여 천천히 읽는다. 이 단계에서는 글을 읽으면서 독자 자신이 제기한 질문에 대한 해답을 찾는다. 질문에 대한 해답이 될 만한 핵심 개념에 특별한 표시를 하고, 근거나 중요한 설명에 밑줄을 그어 가면서 읽으면 읽는 동안에 내용을 정리할 수 있게 된다. 이것이 바로 능동적인 읽기의 핵심이며, 독자가 집중할 수 있도록 해 준다. 필요하다면 새로운 질문을 제기할 수도 있다.

훑어보기와 질문하기를 통해 글에서 중요한 부분이 어디인지, 글에서 해결하려고 하는 문제가 무엇인지 알았으면 중요하지 않은 부분은 빼고 읽을 수 있다. 이때 중요한 것은 질문에 대한 해답을 본문의 텍스트를 그대로 옮기지 말고 반드시 자신의 말로 쓰거나 말해야 한다. 이러한 과정을 통해 글을 더 완전하게 이해하게 되고, 앞으로 다른 글을 읽을 때 이해하기 어려운 부분을 자신의 말로 바꿀 수 있는 능력을 갖게 된다.

예문4

르네상스 시대 사람들의 현세에 대한 관심은 자신이 살고 있는 세계와 자연에 눈을 돌리게 하였다. 그 결과, 자연을 있는 그대로 관찰하고 탐구하여 근대 과학과 기술의 발달을 촉진하였다. 코페르니쿠스와 갈릴레이는 지동설을 주장하여 중세의 우주관에 혁명을 일으켰으며, 구텐베르크는 활판 인쇄술을 발명하여 새로운 지식과 사상을 전파하는 데 크게 기여하였다. 한편, 중국에서 들어온 화약은 기사 계급의 몰락을 촉진하였고, 나침반은 개척에 이바지하였다.

이런 기술이 널리 활용되어 감에 따라 농업과 수공업이 발달하고 잉

여생산물이 생기게 되고, 운수 수단의 개선과 더불어 상업의 진보를 촉진하였다. 중세도 끝나려 할 무렵에는 팔기 위한 상품의 생산 증대, 시장의 번영, 그리고 도시의 발달이 현저해졌다. 이들 여러 도시는 경제적으로, 이윽고 정치적으로도 독립하여 중세의 사회체제—위계적(位階的)인 봉건제도—를 무너뜨리기 시작했다. 몰락 단계에 있던 봉건기사(騎士) 계급의 대신이 되고자 하는 신흥 자치 도시민은 새로운 정치 형태인 절대군주제를 만들어 내었고, 이의 확립과 민족국가의 대두는 결국 중세 사회의 전(全)구조의 종말을 가져왔다. 르네상스의 개화와 종교개혁의 운동은 이 사회 체제의 변혁 과정을 추진시키는 같은 움직임의 2개의 면이었다. 일찍이 상업도시로서 성장하고 정치적으로도 독립을 쟁취한 이탈리아의 여러 도시에서 인문주의운동이 전개된 것은 이상한 일이 아니다. 인간성의 회복, 고전에의 복귀는 중세에 대한 대결이고, 봉건제에 대한 복종을 거부하려는 상인들의 윤리 반영이었다.

위 글은 예문3의 본론인데 여기에서 예문3을 읽으면서 질문했던 내용에 대한 답과 그 근거들을 찾으면 위와 같이 표시를 할 수 있다. 우선 첫 번째 질문인 '르네상스 시대의 특징은 무엇인가?'에 대한 답으로 '과학 기술의 진보, 상업의 진보'와 '정치의 진보'를 들고 있다. 그리고 두 번째 질문인 '현세에 대한 관심이 과학 기술과 신분 계급의 변화를 이끌었는가?'에 대해 수긍하고 이끌었다고 보았다. 그 근거로 인문주의운동과 봉건제에 반하는 상인들의 윤리 때문이라고 정리해 볼 수 있다.

이렇게 정리를 해 놓고 보면 첫 번째 답 '과학 기술, 상업, 정치의 진보’와 인문주의운동과 봉건제에 반하는 상인들의 윤리가 일치되고 있음을 알 수 있다. 문제를 제기했던 질문에 마침표를 찍을 수 있다.

회상하기(Recite)

글을 읽으면서 학습한 것이나 알게 된 것을 자신의 기억 속에 저장하는 단계이다. 사람들은 글을 읽은 후 약 2주가 지나면 학습한 내용의 80% 정도를 기억하지 못한다. 그러나 읽은 후에 바로 자신의 말로 정리하면 2주가 지나도 단 20% 정도만 잊어버린다.

읽은 글을 덮고 자신이 만든 질문에 대한 해답을 간단하게 정리한다. 자신의 말로 하고 예는 글에서 인용할 수도 있다. 종이에 간단하게 메모할 수도 있다. 나중에 당황하지 않으려면 질문에 대한 해답과 각 장의 핵심 내용을 요약하여 책 여백에 기록해 놓는다. 이때 책에 쓴 것을 그대로 옮기지 말고 자신의 말로 해야 한다. 연구에 따르면 능동적으로 자신의 말로 정리한 사람이 책의 내용을 수동적으로 정리한 사람보다 더 잘 기억하며 글의 구조와 위계를 더 잘 파악하게 된다.

예문5

르네상스 시대 사람들의 현세에 대한 관심은 자신이 살고 있는 세계와 자연에 눈을 돌리게 하였다. 그 결과, 자연을 있는 그대로 관찰하고 탐구하여 근대 과학과 기술의 발달을 촉진하였다. 코페르니쿠스와 갈릴레이는 지동설을 주장하여 중세의 우주관에 혁명을 일으켰으며, 구텐베르크는 활판 인쇄술을 발명하여 새로운 지식과 사상을 전파하는 데 크게 기여하였다. 한편, 중국에서 들어온 화약은 기사 계급의 몰락을 촉진하였고, 나침반은 개척에 이바지하였다.

*이상 예문 출처 :『중2 사회 교과서』, 디딤돌

　회상하기 단계에서는 이 글의 내용을 가급적이면 구조적으로 정리해 주는 것이 중요하다.

르네상스 시대의 특징

구분	등장	결과
자연과학	지동설	우주관변화
기술	활판 인쇄술	지식 사회 등장
수입품	화약	기사 계급 몰락

　위 글을 이와 같이 요점을 추려서 간단한 표로 만들어 주면 내용들의 위계와 관계를 쉽게 파악할 수 있다. 사람의 기억력은 한계가 있기 때문에 읽은 모든 내용을 기억할 수는 없다. 그러나 중요한 내용들과 관계들을 파악하고 구조화시켜 주면 그것들을 중심으로 전체 내용을 회상할 수 있다.

점검하기(Review)

　이 단계는 자신의 머릿속에 다시 정리하고 기억하게 하는 단계이다. 위 네 단계를 마치고 나면 질문의 해답을 지문에서 찾고, 자신의 말로 정리한다. 또한 각 소제목별로 중요한 핵심 사항을 자신의 말로 정리하면서 자신의 기억 내용을 점검하는 것이 좋다. 노트를 덮고 자신이 기록한 내용들을 차례로 기억하도록 노력한다. 이 단계는 읽은 내용을 기억 속에 다시 정리하면서 기억을 오래 유지하게 해 준다.

SQ3R 독서법의 효과와 유의점

학생이나 학부모와 상담하다 보면 가끔씩 "책은 많이 읽는데 국어 성적이 안 나온다.", "공부하는 시간은 많은데 성적은 안 오른다."라고 호소하는 경우가 있다. SQ3R 독서법은 바로 이런 문제가 있는 학생들에게 도움이 될 수 있다.

이 중에서 특히 중요한 것은 훑어보기와 질문하기 단계이다. 훑어보면서 글 전체를 예측하고, 질문을 통해서 핵심을 찾는 방법이다. 글을 지속적으로 읽으면 글을 읽는 속도가 향상되고, 주제를 찾는 능력이 향상된다. 이렇게 접근하는 학생들의 경우는 읽기 능력의 향상 속도가 투자한 시간에 비해 빠르다. 반면에 그냥 책을 많이 읽는 학생들의 경우는 많이 읽지만 발전 속도가 더딜 수 있다.

SQ3R 독서법을 지도할 때는 학생들의 읽기 능력이 천차만별이라는 점을 고려해야 한다. 주어진 글을 빠르고 정확하게 이해할 수 있는 학생이 있는 반면, 내용 파악조차 제대로 하지 못하는 학생도 있다. 따라서 읽기 능력이 우수한 학생들은 비판적 읽기나 다른 지문과 연결해서 읽는 연습에 중점을 두고, 읽기 능력이 부족한 학생들은 SQ3R의 단계에 따라 독서 양을 늘리는 방법에 중점을 두어야 한다.

❖ 기본에 충실한 공신들의 기억 전략

학생들은 학교에서 배운 것을 금방 잊어버린다. 공신이라고 예외는 아니다. 그러나 공신들은 잊지 않으려고 노력한다. '자신의 머리가 나빠서'라고 잘못 생각하는 일반 학생들과 달리 그들은 자신의 기억력을 향상시키기 위해 기본적인 기억의 단계에 대해 먼저 이해하려고 노력한다. 기억력은 얼마든지 변화 가능한 것이므로 자신의 기억 전략에서 문제점이 무엇인지 찾아보고, 해결 방법을 찾아 자신만의 기억 전략을 터득하는 것이 좋다.

기억의 종류와 단계를 이해하라

기억에는 단기 기억과 장기 기억이 있다. 단기 기억은 기억하려고 노력했음에도 불구하고 짧은 시간 안에 쉽게 잊어버리게 되는 것을 말한다. 반면, 수업 시간에 별로 기억하고 싶지 않은 내용인데 전혀 잊히지 않는 장기 기억이 있다. 장기 기억은 우리 머릿속에 정확하게 저장되어서 우리가 언제든지 불러 낼 수 있는 기억이다. 공부를 하는 우리의 과제는 효과적인 암기 전략을 통해 단기 기억을 장기 기억으로 바꾸는 것이다.

기억의 단계는 1단계 받아들이기, 2단계 저장하기, 3단계 출력하기로 이루어진다.

1단계는 수업 시간이나 스스로 공부하는 시간을 통해 자신이 공부한 내용이 '머릿속으로 들어오는 단계'이다. 보통 기억하고자 하는 내용에 대한 주의를 기울이면, 집중과 이해를 통해 저장된다.

2단계는 1단계를 통해 '받아들인 정보를 머릿속에 저장'해 두는 상태이다. 대부분의 사람은 하루가 지나면 1단계에서 받아들인 내용의 50% 이상을 기억하지 못한다. 따라서 2단계에서 기억을 오래 유지하기 위한 전략들이 필요하다.

3단계는 1단계와 2단계를 통해 머릿속에 저장된 내용들을 시험이나 수행 평가 시에 '불러오는 출력 단계'이다. 이 단계는 앞의 두 단계를 제대로 이행했다면 비교적 쉽게 출력된다.

공신들이 사용하는 암기 전략 3가지

공신들이 가장 많이 사용하는 암기 전략은 5회독이다. 5회독은 교과서의 내용을 우선 5번 바르게 읽고 이해하는 것이다. 특히 형광펜이나 빨간펜 등을 사용하여 5회독을 하여 암기의 효과를 높였다.

처음 읽을 때는 전체 흐름을 생각하며 아무 표시를 하지 않고 읽어나간다. 두 번째는 중요한 개념어를 형광펜으로 칠하고 그에 대한 설명에는 빨간펜으로 밑줄을 친다. 개념을 보면서 설명을 떠올려 보고, 다시 설명을 보면서 개념을 떠올리며 암기한다. 마지막으로 한 번 더 전체를 정독한다.

두 번째 암기 전략은 읽은 내용을 표나 짜임새 있게 얼개화하는 것이다. 표나 얼개로 구조화할 수 있다는 것은 암기할 내용의 유사점과 차이점을 구분할 수 있다는 것이다. 아무리 많은 양의 지문을 읽는다고 하더라도 비교 분석을 할 수 있으니 표나 얼개로 구조화시키는 것은 그리 어려운 일이 아니다.

세 번째 암기 전략은 표나 얼개화한 자료를 가지고 소리 내어 외우거나 스토리를 붙여 암기를 한다. 많은 학생이 공신들의 암기법을 따라 하는데 잘 안 되고 자신과는 맞지 않다고 하는 이유는 암기 전 이해를 먼저 하지 않기 때문이다.

❖ 효과적인 예습을 위한 공부 도구, 개념 노트

예습이란 수업 시간에 올바른 이해를 돕기 위한 깨달음의 과정이다. 예습을 잘하기 위해서는 개념 정리를 평소에 잘해야 한다. 개념 정리는 수업의 언어이다. 개념 정리를 하지 않으면 해당 수업을 이해할 수 없기 때문에 공부 흥미조차 잃어버린다. 이는 마치 해외 여행을 갔을 때 해당 국가의 언어를 몰라 헤매는 경우와 같다.

예습의 목표는 수업을 위한 이해이다. 이를 위해서는 수업 중 이해에 도움이 되는 핵심 내용을 찾아야 한다. 제목 위주로 보면서 배울 내용을 대충 짐작해 보고, 특별히 궁금한 부분이 생기면 알고 싶은 점에 대해 머릿속으로 질문을 만들어 본다. SQ3R에서 말한 SQ가 바로 예습 단계에서 해야 할 과정이다.

따라서 핵심 내용을 찾으려면 앞서 설명한 SQ3R 기술을 갖고 교과서 읽기를 선행해야 한다. 교과서를 읽다 보면 이해하는 데 시간이 걸리기도 하고 설명이 필요한 부분이 어디인지도 알게 된다. 또한 모르는 단어는 미리 사전을 찾아 정리해 두면 수업을 성공적으로 만들 수 있다. 수업 시에 미리 찾은 핵심 내용을 가지고 비교하며 들어야 한다. 자신이 이미 알고 있는 것과 선생님이 설명한 내용이 어떻게 다른

지 비교하며 수업을 들으면 딴 짓을 할 수 없다.

효과적인 예습을 할 수 있도록 개념 노트에 대해 소개하고자 한다.

개념 노트 사용 방법

과목란에는 과목명을 적는다. 단원명란에는 단원명을 적는다. 단원에 해당하는 개념이나 어려운 낱말을 적는 것은 자신이 현재 배우는 위치를 파악할 수 있는 이정표이다. 날짜를 적는 것은 매우 중요하다. 날짜를 적음으로써 기억을 구조화하기 좋기 때문이다. 개념란에는 자신이 교과서를 읽으면서 모르는 단어나 어휘를 우선 적는다. 읽으면서 단어를 접할 때 아리송하다면 바로 적는 것이 좋다.

내용에는 2개의 칸이 있는데 상단에는 자신이 생각하는 개념을 적는다. 그리고 하단에는 사전을 찾아 사전이 정의하는 개념을 찾아 적는다. 2개를 쓰고 난 뒤에 내용을 비교해 보자. 누구의 생각이 틀렸는지 살펴보자. 아리송한 상태에서 적은 개념을 갖고 그동안 독해를 했다면 잘못된 방식으로 독해를 하고 있었던 것이다. 정확한 뜻을 가지고 읽기를 할 때 정확한 내용이 눈에 들어온다.

반복 시스템은 주기적으로 5회독을 통해 암기하는 것이다. 이것은 앞서 말한 에빙하우스 망각곡선의 원리에 따라 개발된 것으로 효율성 측면에서 주기적인 반복 학습이 훨씬 효과적이기에 5회독을 권한다.

개념 노트

과목		단원명		날짜			
개념	내용			반복 시스템			
개념을 적는다.	자신이 생각하는 개념의 뜻을 적는다.	1	2	3	4	5
	개념의 사전적 정의를 적는다.					
student	사과	1	2	3	4	5
	학생					
school	집	1	2	3	4	5
	학교					
blackboard	검은배	1	2	3	4	5
	칠판					
		1	2	3	4	5
	반복 시스템	1	2	3	4	5
	5회까지 반복 시스템을 활용하여 새롭게 알게 된 개념을 암기한다.					
		1	2	3	4	5
		1	2	3	4	5
		1	2	3	4	5
		1	2	3	4	5

개념 노트 작성 예

❖ 단기 기억을 높여 주는 공부 도구, 수업 노트

　수업이란 학습을 촉진시키는 모든 활동이다. 수업을 받은 학생은 배운 것을 잘 이해할 수 있도록 필기를 하는 것이 중요하다. 이해를 잘해야 암기도 되기 때문이다. 이해가 되지 않는데 외우는 것은 독학이다. 수업의 목표는 단기 기억에 수업 내용을 효과적으로 저장하는 것이다. 이는 노트 필기의 목적이기도 하다.

　공신들은 자신만의 수업 노트를 갖고 있었다. 필기보다는 직접적으로 교과서나 요약된 프린트물을 사용하는 선생님의 경우에 학생들은 굳이 필기를 할 필요가 없다고 생각하는데 이는 잘못된 생각이다. 프린트물의 언어는 선생님의 언어이지 학생의 언어가 아니기 때문이다. 반드시 수업 이후에 요약 정리를 노트에 해야만 단기 기억에 도움이 된다.

수업 노트

과목명		단원명	
학습 목표			

수업 내용	핵심 개념
방법 : 수업 내용을 적는다. 중요 개념→설명→근거를 쓴다.	상위 개념
선생님이 어떤 부분에서 강조하는지 관찰한다.	3가지를 기록!
문단 첫 글자는 들여쓰기를 한다.	
필기구 활용	
검은펜 : 일반적인 내용 필기	
빨간펜 : 선생님이 강조한 내용 표시- 1차 복습	
형광펜 : 핵심 개념 강조한 내용 표시- 2차 복습	
여백을 두면서 필기를 하면 복습할 때 보기가 편하다.	

요약 정리	핵심 질문
핵심 개념을 바탕으로 요약한 내용을 한두 문장으로 정리한다. 시각화가 필요하면 개념 얼개 방식으로 표현하는 것이 좋다.	상위 개념을 중심으로 질문을 만들고 스스로 답한다. 예) 개념 이해 노트의 사용 방법은 무엇인가?

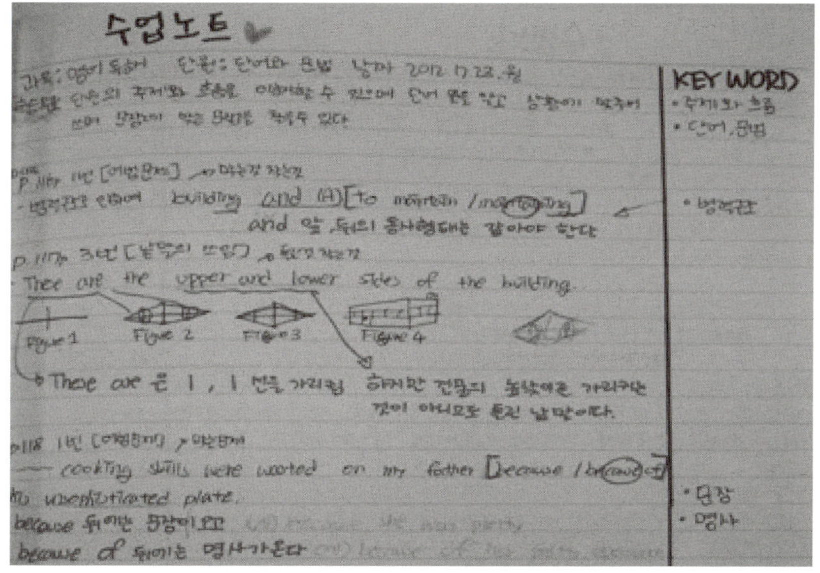

수업 노트 작성법

과목명, 단원명, 학습 목표를 해당 칸에 적는다. 무엇보다 중요한 것은 필기할 때 수업 내용을 적되, 선생님이 강조하는 부분을 적는 것이 필요하다. 수업을 다 듣고 난 뒤에는 핵심 개념란에 내용을 압축한 키워드로 표시하는 것이 좋다. 요약 정리란에는 쉬는 시간을 활용하여 압축한 키워드를 중심으로 자신이 말로 표현할 수 있는 것을 한두 문장으로 요약하는 것이 좋다. 핵심 질문란에는 수업 도중에 궁금한 것을 질문화하여 적어 놓은 다음, 쉬는 시간을 이용해 담당과목 선생님에게 반드시 물어본다.

1단계 : 왼쪽 칸에 수업 내용 정리하기

2단계 : 오른쪽 칸에 핵심 단어 정리하기

3단계 : ★, ◎ 등의 기호를 사용하여 중요한 내용 및 강조한 내용 표시하기

4단계 : 나만의 정리란에 핵심 단어를 중심으로 한두 문장으로 요약하기

수업 후에는 다음과 같이 3가지에 집중할 것을 권한다.

첫째, 수업 직후 3분을 활용하는 것이 좋다. 수업 시간에 선생님이 중요하다고 강조한 내용을 다시 한 번 읽으면서 노트에 중요 표시가 되어 있는 핵심 단어를 보고, 머릿속으로 암송한다. 이해가 가지 않는 것이 있다면 수업이 끝난 직후에 선생님에게 질문한다.

둘째, 24시간 내에 재복습해야 한다. 에빙하우스는 인간은 자신이 배운 내용을 하루 즉 24시간 안에 70% 이상 잊어버리게 된다고 했다. 따라서 그날 배운 수업 후 3분과 더불어 24시간 내에 다시 복습하면 내용을 잊어버리지 않고 절반 이상을 머릿속에 저장할 수 있게 된다. 이것이 공신들이 가장 많이 실천하는 부분이다.

셋째, 수업 노트를 활용한 복습을 한다. 가장 먼저 수업 노트와 교과서를 보면서 그날 배운 내용에 대해서 이해한 후 중요한 내용을 암기하도록 한다. 키워드만 보고 수업 내용을 설명할 수 있어야 한다.

❖ 주중 복습을 위한 공부 도구, 이해 노트

복습이란 배운 것을 다시 익혀 저장하는 행위이다. 다시 말하면 단기 기억에 있는 내용을 장기 기억으로 옮기는 과정이다. 복습의 목표는 완벽한 이해와 완벽한 암기를 통해 장기 기억에 배운 내용을 저장하는 것이다. 중요한 것은 수업 내용 중 무엇이 중요하고 중요하지 않은지 구분할 수 있어야 한다는 것이다. 복습을 효율적으로 하려면 방과후에 이해 노트를 먼저 작성하는 것이 좋다.

이해 노트의 목적은 수업 시간에 배운 내용 중 기억이 나는 것과 나지 않는 것을 빠르게 구분하는 것이다. 그 과정에서 궁금한 것은 질문으로 만들고 반드시 그날 과목 선생님께 물어보고 넘어가야 다음 수업을 따라갈 수 있다. 이해 노트는 방대한 학습 양을 소화시킬 수 있는 최적화된 방법이다.

다음 샘플을 보고 작성하는 법을 소개한다.

이해 노트

과목명		단원명		날짜	
기억 ○		기억 ×		이해 × [질문]	
학습한 내용들 중에 기억에 남는 것들을 적는다.		학습한 내용들 중에 기억에 남지 않는 것들을 공부 도구와 교과서를 활용해서 적는다.		기억에 남거나 남지 않은 것들 중에서 이해가 되지 않는 것은 질문으로 만든다.	

❖ 시험 전략을 위한 공부 도구, 암기 노트

이해 노트가 주중에 사용하는 복습 노트라고 한다면 암기 노트는 주말에 사용하는 복습 노트이자 시험 전략 노트이다.

완벽하게 암기하기 위해서는 주중에 배운 내용을 주말에 종이 1장으로 요약 정리를 해야 한다. 이를 단권화라고 하는데 이 능력이 사실 공부법의 꽃이다. 방대한 학습 양을 제대로 이해하고 핵심을 파악하는 능력이 있어야 단권화를 할 수 있기 때문이다. 암기 노트를 사용하려면 기본적으로 개념 노트와 수업 노트, 이해 노트가 선행되어야만 한다.

암기 노트를 주로 사용하는 시간은 주말 토요일 아침 9시부터 오후 12시까지면 충분하다. 물론 단권화시키는 데는 학생들마다 학습 능력이 다르기 때문에 시간의 차이가 있다. 그러나 꾸준히 암기 노트를 쓰다 보면 시간이 점진적으로 줄어드는 것을 경험할 수 있다. 이런 설명에도 불구하고 어떤 학생들은 자신에게 맞지 않는다며 몇 번 쓰다가 그만 둬 버린다. 그러나 습관이 드는 데는 시간이 필요하므로 포기하지 말고 꾸준히 6개월은 써 보길 권한다.

이는 마치 운전 면허 학원에서 면허증을 따기 위해 연수를 받는 것과 비슷하다. 처음에는 강사가 알려 준 대로 하니 모든 사람이 시험 도로에서 똑같은 운전을 한다. 그러나 시험에 통과하고 도로로 나오게 되면 자신만의 운전 스타일이 생기게 된다. 공부법도 마찬가지이다. 궁극적으로 공신 공부법에서 지향하는 것은 바로 자기만의 공부법을 터득하는 것이다. 그러기 위해서는 부지런히 관찰하고 습득해야 한다. 꾸준한 반복하다 보면 자기만의 공부법을 터득할 수 있다.

암기 노트 사용법

과목명, 단원명, 날짜에는 무엇을 적는지 알 것이다. 중요한 것은 내용에 무엇을 적느냐이다. 한 주 동안 사용한 이해 노트를 펼치지 말고 주중에 배웠던 학습 내용을 단원별로 마인드 맵화한다. 처음에는 기억나는 것만 검은펜으로 가지를 만든다. 그리고 더 이상 떠오르지 않는다고 판단이 되면 이해 노트를 펼친 뒤 빨간펜으로 기억나지 않는 부분을 쓴다. 중간 중간 작성을 하다가 개념이 이해되지 않은 것은 다시 개념 노트에 작성을 한다. 이해 노트의 내용을 모두 암기 노트 한

장에 정리를 마쳤으면 한 주 동안 선생님이 가장 강조한 부분을 형광
펜으로 칠해 두면 좋다.

이렇게 단권화가 된 이후에는 핵심 질문란에 주관식 형태로 문제를
만들어 보면 좋다. 주관식 형태로 문제를 만드는 연습을 하다 보면 선
생님이 가장 강조한 것이 무엇인지 다시 살펴볼 수 있어서 좋고 학교
시험에서 서술형 문제를 대비하기에도 좋다.

핵심 질문 만들기까지 완성되면 이제 문제집을 꺼내 들고 문제를
푼다. 문제 풀이 후 채점을 한 뒤 틀린 문제들은 왜 틀렸는지 원인 분
석을 한다. 그러고 나서 암기 노트의 어느 단원을 이해하지 못해 틀렸
는지 살펴보는 것이 좋다. 이때 할 수 있는 최고의 질문은 "이 문제를
풀려면 반드시 알아야 될 핵심 개념 3가지는 무엇인가?"이다.

그리고 문제를 틀릴 때마다 미처 몰랐던 개념이나 알게 된 중요한
단서들은 암기 노트에 특정 색깔의 펜으로 표기를 해 두는 것이 좋다.
이렇게 정리를 해 나가면 단권화의 질을 높일 수 있다. 단권화된 암기
노트로 총 5주에 걸쳐 암기를 하면 된다. 결국 시험장에 들어갈 때 이
암기 노트 한 권만 있으면 완전 학습이 된 상태로 시험을 보게 되는
것이다.

❖ 기본에 충실한 공신들의 시험 전략

시험이란 재능이나 실력을 일정한 절차에 따라 평가하는 행위를 말
한다. 시험이 존재하지 않으면 자신의 실력을 가늠해 보기 어렵기 때

문에 성장에 한계가 있다. 무엇보다 시험은 자신의 존재를 평가하는 것이 아니라 지속적으로 자신이 발전하고 있는지 아닌지를 측정하는 도구라는 인식을 가져야 한다.

시험의 목표는 장기 기억에 저장된 것을 필요할 때마다 자유롭게 출력하는 것이다. 이를 위해서는 평소에 반복 학습을 게을리하지 말아야 한다. 다음은 시험을 잘 치르기 위한 전략이다.

시험 전략을 세워 효과적으로 시험에 대비하려면 지난 시험 공부의 문제점이 무엇인지 반성해 보고, 구체적인 방법을 터득해야만 한다. 이를 위해서는 시험 후 전략 분석표를 작성해 보는 것이 좋다.

시험 후 전략 분석표

	항목	매우 그렇다	약간 그렇다	보통 이다	조금 그렇지 않다	매우 그렇지 않다
1	시험 전날, 무리하지 않을 정도로 잘 잤다.					
2	시험 당일, 지나치게 긴장하지 않았다.					
3	국·영·수 성적이 기타 과목보다 좋다.					
4	시험공부를 할 만한 환경은 조성되어 있었다.					
5	성적을 올리고 싶다는 강한 의욕이 있었다.					
6	원리나 개념을 이해하고 문제를 풀었다.					
7	학교 수업 시간에 집중했다.					
8	이해할 부분과 암기할 부분을 구분할 줄 안다.					
9	수행 평가는 최선을 다했다.					
10	시험 준비 기간에 시간을 잘 배분했다.					

시험 후 전략 분석표에서 잘못된 전략이 무엇이 있었는지 코치와 함께 분석을 하는 것이 필요하다. 분석하는 과정에서 평소 잘못된 자신의 공부 습관을 발견할 수도 있다. 대개 시험 보기 3주 전부터 제대로 정리하지 않아 낭패를 본 경험이 있을 것이다. 따라서 시험 전략은 3주 전부터 계획을 세우는 것이 효과적이다.

시험 3주 전에 해야 할 것

먼저 시험 보기 3주 전에는 시험 범위와 과목별 학습 계획을 짜야 한다. 시험이 코앞에 다가왔는데도 시험 범위를 몰라서 친구에게 물어보거나 아예 다른 시험 범위를 공부하는 학생들도 있다.

시험 정보를 정확히 수집함으로써 마음가짐을 준비하는 것이 필요하다. 시험 범위를 알았다면 과목별로 이번 시험의 목표를 세우는 것이 바람직하다. 이때는 효과적인 학습 관리를 할 수 있는 플래너를 사용할 것을 권한다. 시간 관리의 최적화 도구인 플래너를 사용하다 보면 학습 관리뿐만 아니라 시험 전략 관리도 자연스럽게 할 수 있다.

시험 2주 전에 해야 할 것

주요 과목을 전체적으로 공부한 다음에는 문제를 풀어 보며 심화시켜야 한다.

첫째, 문제집으로 공부할 때는 '옳지 않은 것은?' 옆에 '×', '옳은 것은' 옆에는 'ㅇ' 하는 습관을 기른다. 또한 시험 전에 공부할 때는 '옳지 않은 것은?'에 대한 문제를 풀 때 정답 외에 다른 맞는 보기에 대한 설명을 집중하여 읽도록 한다. 예) 다음 중 … 옳지 않은 것은?

답 ③ → 이 경우, ①②④⑤번 보기를 꼼꼼하게 읽고 개념을 정리하도록 한다.

둘째, 해설지를 정독한다. 보통의 학생들은 문제집에 붙어 있는 해설을 채점할 때만 이용하는데 가능하다면 모든 문제에 대한 해설을 읽어 보도록 한다. 답의 근거를 밝히는 것이 해설지이기 때문에 이론이 문제 풀이에 잘 적용되지 않을 때 해당 이론에 대한 문제 풀이 해설을 참고하면 많은 도움이 된다.

셋째, 문제를 푸는 것 자체는 목적이 아니다. 정답이면 정답의 논리적 근거, 오답이면 오답이 나온 이유를 정확히 알고 넘어가야 한다. 정답을 맞혔으나 정확한 논리적 근거가 없다면 틀린 문제로 간주해야 한다.

시험 1주 전에 해야 할 것

시험을 1주일 남겨 두고 해야 할 것은 효과적인 학습 원리에 따라 일주일 전부터 시험 계획을 세우고 공부하는 것이다. 시험 계획을 세우는 데 중요한 2가지 학습 원리는 반복 학습과 분산 학습이다. 반복 학습은 영어 단어를 외울 때처럼 내용을 정리하고 외워질 때까지 여러 번 확인하면서 공부하는 것이고, 분산 학습은 시간을 나누어서 사이사이 휴식을 취하면서 공부하는 방법을 말한다.

이 2가지 원리를 적용하여 시험 계획을 세우면 효과적이다. 우선 시험 보기 전날에는 최종적으로 정리하는 시간을 가져야 한다. 따라서 시험 보기 전날까지는 시험 범위 전체를 두 번 정도는 볼 수 있도록 시험 계획을 세운다. 예를 들면 다음과 같다.

시험 1주 전 시험 계획의 예

1			2		3	
첫째날	둘째날	셋째날	넷째날	다섯째날	D-1일	
사회 앞 30쪽 국어 앞 30쪽	사회 중간 30쪽 국어 중간 30쪽	사회 뒤 30쪽 국어 뒤 30쪽	사회 전반 45쪽 국어 전반 45쪽	사회 후반 45쪽 국어 후반 45쪽	사회,국어 최종 정리	시험

평상시 시험 준비를 위한 전략

평소에는 놀다가 시험이 눈앞에 닥쳐서야 공부를 시작하려는 학생이 많다. 사실 평상시의 학습이 뒷받침되지 않는다면 월등히 좋은 성적을 얻기는 어렵다. 좋은 성적을 받기 위해서는 평소에 대부분의 과목에서 개념 노트, 수업 노트, 이해 노트, 암기 노트를 쓰면 좋다.

무엇보다 주중에는 이해 노트로 개념 위주의 학습을 할 것을 권한다. 특히 과학이나 사회 과목에서 차트나 도표, 지도는 시험에 출제될 가능성이 매우 높기 때문에 평소에 교과서에 실린 도표 등은 반드시 숙지하고 넘어가야 한다. 또한 교과서를 읽어도 무슨 말인지 이해가 되지 않으면 개괄적으로 설명된 책을 사서 미리 읽어 두는 게 바람직하다. 평이하게 설명된 해석을 먼저 읽어 두면 교과서를 더 쉽고 빠르게 이해할 수 있다. 반드시 정독을 5회독 이상 하여 이해력을 높이는 것을 게을리하지 말아야 한다.

시험 중 유의해야 할 점

물론 공부를 열심히 해야 시험을 잘 볼 수 있지만, 시험 보는 요령을 알고 있으면 실수를 막을 수 있다.

첫째, 시험 시간보다 일찍 도착해서 마음의 준비를 한다. 이때 불안한 마음이 생기면 심호흡을 하면서 마음을 가라앉히는 게 좋다.

둘째, 갑자기 답이 생각나지 않을 때는 다음 문제부터 먼저 풀고 다시 모르는 문제를 푼다.

셋째, 시험지를 받으면 급하게 첫 문제부터 풀지 말고 문제지를 한 번 대강 훑어본다. 문제가 얼마나 어려운지, 푸는 데 시간이 얼마나 걸릴지를 대충 생각해 본 후 문제를 풀기 시작한다.

넷째, 문제가 명확하지 않고 애매하면 선생님에게 질문한다.

다섯째, 문제 풀이가 끝나면 마지막 몇 분 동안 전체적으로 검토하고 빠진 문제가 없는지 다시 한 번 확인한다.

시험 후 오답 정리를 효과적으로 하기

시험 당일만큼 중요한 것은 바로 시험이 끝난 후의 자세이다. 시험지와 오답을 잘 정리할수록 다음 시험에서 좋은 성적을 거둘 수 있다. 시험지 및 오답 정리는 4단계로 이루어진다.

1단계

시험지에 날짜, 시험 종류(기말고사, 중간고사), 시험 범위를 적는다.

2단계

다시 한 번 문제를 확인하고 정답을 적는다.

3단계

이 단계가 중요한데, 틀린 문제를 확인하여 틀린 원인에 따라 각각 다른 표시를 한다. 예를 들어, 문제를 잘못 읽었거나 다른 내용과 혼동

해서 실수나 착각으로 틀린 문제에는 A로 표시하고, 정말 몰라서 틀린 내용에는 B로 표시하는 등 자기만이 알아볼 수 있는 기호로 체크한다. 또 모르는 내용이었는데 추측이나 찍기로 맞은 문제도 표시해 둔다. 그런 문제일수록 반드시 표시해 두고 알고 넘어가야 다음에 비슷한 문제가 나왔을 때 헷갈리지 않는다.

4단계

오답 노트를 만드는데, 모든 과목을 다 만들 필요는 없고 취약 과목 중심으로 틀린 문제를 옮겨 적거나 오려 붙여서 만든다. 중요한 시험이 다가오면 시험지와 오답 노트를 적극 활용해야 한다. 이것은 자신의 학습 수준과 부진한 부분을 명확히 파악하게 하고, 다음 시험에 자신감 있게 대처하게 해 준다.

어려운 문제 대처법

-1단계 : 어려운 문제가 먼저 나왔다면 쉬운 문제부터 풀자!
　어려운 문제부터 풀게 되면 긴장하게 되고 시간을 너무 많이 소비하게 된다. 쉬운 문제부터 차근차근 풀다 보면 어려운 문제가 자연히 해결되는 경우도 많다.
-2단계 : 쉬운 문제를 푼 후, 어려운 문제를 풀 때 그 문제에 대해 아는 만큼 시험지에 적어 보자!
　신라의 삼국통일에 관한 문제라면 백제, 고구려, 신라, 나당 외교, 최초의 통일 등 자신이 아는 것을 계속적으로 쓰다 보면 갑자기 정답이 생각나기도 한다.
-3단계 : 2개의 문항 중 하나를 골라야 할 때는 두 문항의 논리적 근거와 자신이 헷갈리는 이유를 생각해 본 뒤 가능성이 더 높은 문항으로 고른다.
-4단계 : 찍는 것도 능력! 정말 모르겠다면 찍기에 도전하자!
　모두, 예외 없이, 항상 등의 단어가 들어 있는 문항은 틀릴 가능성이 많다.

시험 잘 보는 요령

1. 시험지를 나눠 주기 전까지 책을 손에서 놓지 않는다.
2. 시험지를 받으면 처음부터 끝까지 빠르게 한 번 훑어본다. 전부 몇 문제인지, 점수 배점은 어떻게 되어 있는지, 난이도는 대략 어떤지 살펴본다.
3. 쉬운 문제부터 푼다. 그래야 자신감이 생기고 시험의 시작이 매끄럽다.
4. 확실히 맞힐 수 있는 문제는 동그라미, 긴가민가한 문제는 세모, 까다로운 문제는 별표를 해 둔다.
5. 문제의 지시문 중에서 핵심어는 밑줄이나 동그라미를 치면서 읽는다. 문제를 끝까지 읽고, '~이 아닌 것은?', '~와 틀린 것은?' 등의 문제에 주의해야 한다.
6. 한 문제에서 막혔다고 당황하는 것은 금물이다. 별표를 해 놓고 일단 넘어간다. 이어지는 문제에서 힌트를 얻을 수도 있다.
7. 도형 문제는 문제지에 인쇄된 도형 위에 그대로 풀지 말고 직접 다시 그려 본다. 직접 그리면 힌트가 떠오르는 경우가 많다.
8. 기억이 나지 않는다면 그것을 공부하던 당시의 감각을 떠올려 본다. 공부하던 장소, 수업하던 선생님의 말투, 그날의 날씨, 해당 단원의 페이지 수와 그 내용의 위치, 그때의 기분 등을 떠올려 보면 연결고리가 되어 기억이 나는 경우가 많다.
9. 도저히 생각이 나지 않는다면 무엇이든 떠오르는 대로 적어 본다. 그 과정에서 생각이 날 수도 있다.
10. 시간 배정을 잘한다. 잘 모르거나 어려운 문제에 너무 많은 시간을 사용하면 뒤에 있는 쉬운 문제를 놓칠 수 있다. 그러므로 시험을 치르는 중간에 시험 시간이 얼마나 남았는지를 자주 점검해 보아야 한다.
11. 마지막 순간까지 시험지를 덮지 않는다.

6

과목별 공부 전략을 학습하라

❖ 공신의 국어 공부법과 학습 지도

SQ3R로 독해력을 키워라

국어를 잘하려면 평상시에 독서를 많이 하는 것은 필수이다. 국어 과목의 성적은 평소에 쌓아 둔 기본적인 독해 실력이 대단히 큰 영향을 미치기 때문이다. 글을 많이 읽다 보면 읽기 속도가 빨라질 뿐 아니라 독해의 정확성도 향상되고, 배경 지식이 풍성해지므로 새로운 지문이 나와도 당황하지 않고 쉽게 문제에 접근할 수 있게 된다.

개념 노트를 활용하여 어휘력을 키워라

어휘력이 부족하면 책을 읽어도 무슨 말인지 이해하기 힘들고, 심지어 아는 내용임에도 불구하고 시험에 나오는 단어의 뜻을 파악하지 못해서 문제를 잘 풀지 못하기도 한다. 항상 사전을 옆에 두고 모르는 단어가 나오면 확인하고 개념 노트에 정리해 두면 효과적이다. 평소에 꾸준히 한자 공부를 해 두는 것도 좋은 방법이다. 어느 정도 어휘 실력이 쌓이면 글의 앞뒤 문맥만으로도 대강의 의미를 파악할 수 있는 경지에 오를 수 있다.

근거를 바탕으로 객관적으로 생각하는 힘을 길러라

국어는 과목의 특성상 정답이 명확한 수학 과목과 달리 생각하기에 따라 다 답인 것처럼 느껴지는 경우가 많다. 그러나 국어에도 분명 정답이 존재하며, 그것은 보편타당한 논리적 근거에 기초한다. 특히 지문의 내용이 나의 생각과 다를 경우 자신의 선입견이 끼어들 여지가 더 많으므로 개인적인 의견을 배제한 채 객관적으로 사고하기 위해 노력해야 한다.

문제를 풀 때, 그것이 정답이라고 생각하는 명확한 이유를 찾은 후 답을 고르고 문제집 여백에 판단의 근거를 간단하게라도 적어 본다. 더불어 틀린 문제나 찍어서 맞힌 문제는 반드시 정답을 확인하여 자신의 근거와 해설지에 설명된 정답의 근거를 대조해 본다. 이 과정을 반복하다 보면 조금씩 자신의 사고 흐름에 어떤 문제가 있는지를 파악할 수 있게 된다.

핵심을 파악 기술을 익혀라

한 편의 글에는 글쓴이가 강조하는 주된 메시지가 포함되어 있다. 전개되는 글을 내용적으로 구분할 필요가 있을 경우 단락을 나누므로 하나의 단락 속에는 하나의 중심 내용이 담겨 있다고 할 수 있다. 개별 단락의 핵심 내용을 찾아내고 밑줄을 그은 후 그 핵심 문장을 통합적으로 이해하면 글 전체의 주제가 된다.

색깔 있는 펜을 준비하여 각 단락의 중심 문장에 밑줄을 긋고, 핵심 단어에도 표시를 한다. 이것을 중심으로 핵심 내용을 간략하게 요약하는 연습을 해 보자.

문학 – 이야기의 매력은 감정 이입에서 시작한다

많은 학생이 문학은 이해하기 힘든 영역이라고 생각한다. 그래서 시나 소설을 공부할 때 무턱대고 해설부터 찾아 읽는 경우가 많은데, 이런 방법으로는 문학을 감상하는 방법을 깨닫기 어렵다.

시

시 속에는 말하는 사람인 '서정적 자아' 혹은 '시적 화자'가 존재하는데, 시를 제대로 이해하기 위한 가장 좋은 방법은 시적 화자의 심정에 자신의 감정을 일치시키려는 노력을 하는 것이다. '시적 화자는 어떤 사람인지, 그는 지금 무엇을 생각하고 있는지, 대상에 대해 어떤 태도를 취하고 있는지' 등을 생각해 보고, 결국 이 시의 작가가 말하고 싶은 바가 무엇인지를 파악해 본다.

소설

소설을 이해하는 데 가장 기본이 되는 것은 이야기의 전개 양식을 제대로 파악하는 것이다. 이야기를 이루는 3가지 요소는 인물, 사건,

배경이다. 어떤 시대와 역사를 배경으로 하고 있으며, 그 속에서 등장 인물들이 무엇으로 인해 갈등하고 있는지, 결국 그들이 엮어 가는 사건들은 어떻게 마무리되며, 그것을 통해 작가가 전하고자 한 주제 의식은 무엇인지 파악할 수 있다면 소설을 제대로 감상한 것이다.

국어 공부법 진단

(1 : 아니다, 2 : 그저 그렇다, 3 : 매우 그렇다)

	문항 내용	점수
1	평소에 책 읽는 것을 좋아한다.	1 - 2 - 3
2	영어나 수학처럼 국어 공부도 따로 시간을 내서 공부한다.	1 - 2 - 3
3	모르는 단어가 나오면 국어사전을 찾는 편이다.	1 - 2 - 3
4	글을 읽으면 글쓴이의 중심 생각이 무엇인지 잘 파악한다.	1 - 2 - 3
5	시, 소설 등의 문학 작품을 읽으면 감동할 때가 많다.	1 - 2 - 3
6	읽은 소설의 줄거리, 주제, 인물 정도는 기억을 하는 편이다.	1 - 2 - 3
7	국어 내신 공부는 꼼꼼히 하는 편이다.	1 - 2 - 3
8	문제를 틀리면 왜 틀렸는지 근거를 찾는 편이다.	1 - 2 - 3
9	책을 읽는 속도가 남들보다 빠른 것 같다.	1 - 2 - 3
10	고전문학이나 문법 등에서 외워야 할 것을 잘 챙겨서 외우는 편이다.	1 - 2 - 3

점수	평가
25-30	국어에 소질이 있을 뿐 아니라 국어 공부에 성의를 지니고 열심히 하는 학생입니다.
20-24	평균 이상으로 잘하고 있으나 자신의 공부법에 대한 진지한 변화가 필요합니다.
15-19	좀 더 노력을 기울여야 합니다. 체크한 항목을 살펴보고 대안을 생각해 보세요.
10-14	아주 많은 노력이 필요합니다. 자신의 공부법 전체를 반성해 보세요.

❖ 공신의 영어 공부법과 학습 지도

무조건 단어 실력을 키워라

단어 실력은 영어를 잘하기 위한 가장 기본적인 무기이다. 독해, 문법, 듣기, 쓰기도 결국 개별 어휘들의 의미 파악 없이는 불가능하기 때문이다. 단어를 암기하는 것은 일종의 습관이다.

사전 찾기를 귀찮아하는 학생은 영어와 친해지기 어렵다. 모르는 단어는 사전을 통해 확인을 하고 한 번 찾아본 단어는 밑줄을 그어 표시를 해 두는 것이 좋다. 다음에 똑같은 단어를 다시 찾았을 경우 머릿속에 각인되는 강도가 월등히 높아지기 때문이다. 그러나 모르는 단어가 나오는 대로 바로바로 사전을 찾지 말고, 일단 표시만 해 두고 먼저 문맥을 통해 의미를 유추해 본 뒤 나중에 확인하는 것이 좋다. 고민한 시간만큼 생소하던 어휘들이 익숙해지기 때문에 확실하게 오랫동안 기억될 수 있다.

기초 어휘들은 영어 단어장을 이용해 주기적으로 반복을 해야 독해 능력이 오른다. 나만의 단어장에는 사전에서 찾아본 의미 이외에 각종 파생어, 유의어, 반의어 등과 더불어 그 단어를 접하게 된 문장까지 기재한다. 물론 더 중요한 일은 영어 단어장에 기록된 단어들을 반복적으로 외우고 확인하는 일이다.

나만의 단어장 예

단어	뜻, 유의어	반복 학습 시스템				
1. apple	사과	①	②	③	④	⑤
2. school	학교	①	②	③	④	⑤

듣기 실력 꾸준하게 키우기

많이 듣는 것보다 듣기 실력을 향상시키는 데 좋은 방법은 없다. 매일 10분씩 규칙적으로 영어를 듣는 시간을 만들자. 그러나 집중해서 들어야 하며, 여유가 된다면 내용을 문장 단위로 끊어 가며 받아쓰기를 한다. 한 번에 들리지 않는다면 2~3회가량 반복해서 듣고 원문을 확인해 본다. 이 과정에서 주로 자신이 놓치는 발음과 표현 등을 알 수 있게 된다. 또 들리는 말의 속도와 비슷하게 자신의 입으로 빨리 말해 보자. 원어민이 말하는 속도에도 익숙해질 수 있을 뿐만 아니라 자신의 발음도 교정할 수 있다.

문법 실력 키우기

무엇이든 기초가 부실하면 불안한 법이다. 게다가 독해의 과정이 자연스럽게 이루어지려면 문법 공부는 필수적이다. 가장 기본적인 틀을 이해하기 위해 문장의 5형식에 대한 학습부터 시작한다. 문장의 형식에 능숙해지려면 무엇보다도 동사의 쓰임에 대한 이해도가 높아야 한다. 특히 긴 절과 구로 복잡하게 중첩된 문장에서 주어와 동사가 무엇인지 금방 파악할 수 있다면 기본기는 갖춘 셈이다.

영어 독해를 잘하려면 우리말에 없는 문법을 정복해야 한다. 부정사, 분사, 동명사와 같은 준동사와 관계사, 가정법 등에 대한 이해가 확실하다면 그 밖의 문법 사항을 이해하는 것은 그리 어렵지 않다. 일단 일주일에 한 파트만 꼼꼼하게 마스터하는 것을 목적으로 잡는다면, 이 5가지 주제를 마무리하는 데는 5주 정도만 시간을 들이면 된다.

문법을 오랫동안 기억하려면 단어 암기 때와 마찬가지로 기본 문장과 함께 익히는 것이 좋다. 또 문법책을 한 권 선택하여 여러 번 공부하는 것이 효과적이다. 우선은 문형 이해에서 시작하여 전체적인 가닥을 잡고, 그렇게 형성된 골격 위에 세부적인 살을 입혀 나가는 것이 좋다. 자신에게 맞는 문법책으로 여러 번 반복 학습하면, 문법의 체계가 교재의 체계와 맞물리면서 기억의 강도가 높아진다.

독해 실력 키우기

독해에서 가장 중요한 원칙은 '직독직해'이다. 즉 읽는 그대로 해석하는 것이다. 관계사, 접속사, 수식절 등으로 복잡해진 문장은 보통 서너 줄이 넘어가기도 하는데, 이를 우리말 어순으로 바꾸기 위해 역순으로 거슬러 올라가며 해석하는 방법은 빠른 독해의 결정적 장애물이다.

영어는 영어 문장 그대로 받아들여야 한다. 문장이 흘러가는 자연스러운 방향을 느끼면서 기본적인 의미 단위를 파악해야 하는데, 이를 위해서는 문장의 구조를 가시화하는 훈련이 필요하다. 먼저 문장의 주어와 동사를 찾아 밑줄을 긋고, 의미가 구획되는 절이나 구는 빗금으로 나눈다. 문장의 주술 관계가 파악되고, 끊어 읽어야 할 의미의 덩어리가 나누어진다면 읽는 순간 자연스럽게 독해가 가능해질 것이다.

영어 공부법 진단

(1 : 아니다, 2 : 그저 그렇다, 3 : 매우 그렇다)

	문항 내용	점수
1	세 번 이상 암기한 영어 단어장이 있다.	1 - 2 - 3
2	빠른 독해를 위해 직독직해 연습을 한다.	1 - 2 - 3
3	모르는 단어를 모아 나만의 단어장을 만든다.	1 - 2 - 3
4	듣기 실력을 향상시키기 위해 받아쓰기를 한다.	1 - 2 - 3
5	내 실력보다는 다소 어려운 듯한 독해집을 골라 해석한다.	1 - 2 - 3
6	문장의 5형식 정도는 능숙하게 구별해 낼 수 있다.	1 - 2 - 3
7	문법책은 한 가지를 선택하여 반복적으로 공부한다.	1 - 2 - 3
8	시험과 상관없이 평소에도 꾸준히 독해 연습을 한다.	1 - 2 - 3
9	모르는 단어가 나와도 문맥을 통해서 뜻을 유추하는 편이다.	1 - 2 - 3
10	단어나 문법은 구체적인 문장을 통해 익힌다.	1 - 2 - 3

점수	평가
25-30	영어에 소질이 있을 뿐 아니라 영어 공부에 성의를 지니고 열심히 하는 학생입니다.
20-24	평균 이상으로 잘하고 있으나 자신의 공부법에 대한 진지한 변화가 필요합니다.
15-19	좀 더 노력을 기울여야 합니다. 체크한 문항을 살펴보고 대안을 생각해 보세요.
10-14	심각한 상태입니다. 자신의 영어 공부법 전체를 반성해 보십시오.

❖ 공신의 수학 공부법과 학습 지도

수학의 특성을 이해하라

많은 학생이 수학을 어려워하고 공부를 해도 쉽게 성적이 오르지 않는 과목이라고 말하며, 초기에 포기하기도 한다. 그만큼 수학은 다른 과목에 비해 기초가 중요하고, 한 번의 교과 과정 전체를 다 배우기 전까지는 성적에 큰 변화가 나타나지 않기 때문에 인내력을 가지고 지속적으로 투자해야 한다.

원리를 이해하고 암기하라

수학은 '정의'에서 파생한 학문이다. 따라서 기본적인 수학적 정의에 대해 충실히 이해해야 하고, 이해한 뒤에는 반드시 암기해야 한다. 정의를 외워야 할 시점은 중학교의 다항식에서부터 고등학교 과정 전체이다. 이렇게 정의를 암기하면 나중에 응용 문제를 푸는 데 효과적이다. 더불어 공식도 눈으로 보지만 말고 철저하게 이해하고 암기하도록 한다. 일단 공식의 도출 원리를 이해하고 나면 암기하는 것은 어렵지 않다. 그러고 나서 그 개념의 예제를 반복해서 풀면서 자기 것으로 만드는 과정이 중요하다.

풀이 과정을 정리하라

평소에 꼼꼼하고 반듯하게 정리하며 푸는 연습을 해 두어야 시험을 볼 때도 차분하게 풀어 나갈 수 있다. 풀이 과정을 정리하면서 풀면 나중에 문제가 발생하는 경우에 어디서부터 틀리기 시작했는지 검토가 용이하다. 특히 실수를 잘하는 문제나 어려운 부분은 문제를 옮겨 적어 놓고 풀이 과정을 꼼꼼히 정리하면서 해결하는 것이 좋다.

반복 학습이 필요하다

어느 과목이나 마찬가지이지만 특히 수학은 100% 이해하면서 진도를 나가는 것이 쉬운 일이 아니다. 중학생이 되면 초등학교 때보다 난이도 있는 내용이 빠르게 진행되기 때문에 배운 내용을 완벽히 익히는 것이 더욱 힘들다. 더구나 수학은 기본 개념을 중심으로 점점 심화된 내용을 다루기 때문에 학습에서 부족한 부분이 많이 누적되면 나중에는 손을 대기조차 힘들어진다. 따라서 80% 이상 내용을 이해했다면 일단 끝까지 진도를 나간 뒤에 다시 반복하면서 이해하지 못한 부분을 채워 넣는 편이 수학에 대한 전체적인 안목을 기르고 개념 간의 연결 관계 등을 이해하는 데 유리하다.

개념을 보지 않고 설명할 수 있어야 한다

어려운 응용 문제를 해결하기 위해서는 먼저 수학적 개념을 숙지하는 것이 필수이다. 특히 개념이 형성되는 과정과 공식이 유도되는 과정은 충분한 시간을 들여서 이해하도록 한다. 공식은 단순히 암기하는 것이 아니라 그 공식이 어떤 과정을 통해 만들어졌는지도 함께 이해해야 응용 문제를 풀 때 적용하기가 용이하다. 당장 교과서를 펼쳐서 나오는 공식이나 개념을 보지 않고 설명할 수 있을 정도가 되지 못한다면 수학에 대한 개념 이해가 여전히 부족한 것이다. 응용 문제에 대한 도전은 그 다음 단계에서 시작해도 늦지 않다.

기본 문제 풀이하기

개념을 완벽하게 이해한 후에는 문제를 충분하게 풀어 보면서 개념에 대해 심화 학습을 하는 것이 필요하다. 이 단계를 충실히 수행하면 문제 풀이 속도가 빨라지고, 계산상의 오류는 점차 줄어든다. 또 자주 나오는 문제의 풀이 방식을 숙지하게 되므로 약간 변형된 문제가 나온다 하더라도 쉽게 풀이 과정을 머릿속에 그려 낼 수 있다.

취약 단원 발견하여 반복 학습하기

수학의 완성 단계에서는 취약 단원부터 공략하는 것이 필요하다. 개인별로 유난히 문제 풀이가 쉽지 않은 취약 단원이 있을 것이다. 이러한 경우 최대한 빨리 발견해서 여러 번 반복하는 것이 좋다. 다음은 중학교 2학년 수학 교과서를 정리한 것이다. 이 표를 보면서 자신이 취약한 단원을 체크해 보자. 다른 학년도 이런 식으로 표를 작성하여 자신의 성취도를 평가해 볼 수 있다.

취약 단원 점검표

중학교 2학년 수학의 목차이다. 자신 있는 단원과 그렇지 못한 단원을 점검해 보라.

차례	설명한다	설명하지 못한다
유한소수와 무한소수		
순환소수와 순환마디		
순환소수를 분수로 나타내기		
순환소수와 유리수, 순환소수의 대소비교, 순환소수의 사칙연산		
참값, 근삿값, 오차, 오차의 한계, 참값의 범위		
유효숫자, 유효숫자 판별법		
근삿값의 표현		
지수법칙-곱셈, 거듭제곱		
지수법칙-나눗셈, 분수, 괄호		
단항식의 덧셈과 뺄셈		
단항식과 다항식의 곱셈과 나눗셈		
곱셈공식-완전제곱식		
곱셈공식2-합차공식 외		
등식의 변형		
곱셈공식의 변형		
미지수가 2개인 일차방정식		
연립방정식이란		
연립방정식 풀이법		
해가 특수한 연립방정식		
연립방정식의 활용		
부등식의 뜻, 성질, 풀이		
여러 가지 일차부등식, 연립방정식		
일차함수의 뜻, 정의역, 공역, 치역		
일차함수의 그래프-x절편, y절편, 기울기, 그리기		
축에 평행한 직선의 방정식, 해와 그래프, 활용		

수학 공부법 진단

(1 : 아니다, 2 : 그저 그렇다, 3 : 매우 그렇다)

	문항 내용	점수
1	문제를 풀기 전에 어떤 방법으로 풀까를 먼저 생각해 보고 푸는 편이다.	1 - 2 - 3
2	수학에서 내가 잘하지 못하는 단원이 어느 부분인지 잘 알고 있다.	1 - 2 - 3
3	어려운 내용이나 문제가 나오면 이해하거나 풀어 보려고 과감하게 도전한다.	1 - 2 - 3
4	어려운 부분은 반복을 통해 완벽하게 이해할 때까지 공부한다.	1 - 2 - 3
5	수학 문제는 깨끗이 정리하면서 풀어 나가는 편이다.	1 - 2 - 3
6	개념이나 공식을 이해할 때에는 각종 전제 조건이 주어진 이유에 대해 생각해 본다.	1 - 2 - 3
7	방학 기간이나 시간이 있을 때 취약 단원을 집중적으로 공략한다.	1 - 2 - 3
8	책에서 개념이나 공식에 대한 설명이 불충분할 때는 내가 이해한 방식을 반드시 적어 놓는다.	1 - 2 - 3
9	내 수준에 맞춰 선행 학습을 한다.	1 - 2 - 3
10	시험을 볼 때 잘 안 풀리거나 모르는 내용이 나오면 과감히 별표를 하고 다른 문제를 먼저 본 뒤 푼다.	1 - 2 - 3

점수	평가
25-30	수학에 소질이 있을 뿐 아니라 수학 공부에 성의를 지니고 열심히 하는 학생입니다.
20-24	평균 이상으로 잘하고 있으나 자신의 공부법에 대한 진지한 변화가 필요합니다.
15-19	좀 더 노력을 기울여야 합니다. 체크한 문항을 살펴보고 대안을 생각해 보세요.
10-14	심각한 상태입니다. 자신의 수학 공부법 전체를 반성해 보십시오.

❖ 공신의 사회 공부법과 학습 지도

사회란 우리를 둘러싼 자연 환경과 정치, 경제, 역사, 풍습, 문화, 예술 등 우리가 속해 있는 사회 요소들이 서로 어떻게 관계 맺고 있는지를 배움으로써 우리의 삶을 더욱 풍요롭고 가치 있게 만드는 과목이다. 평소에 신문이나 텔레비전 뉴스 등에 관심을 가지고 보면서 일상생활과 결부시킨다면 더욱 의미 있고 효과적으로 공부할 수 있다.

역사 : 시대적 흐름과 사건의 의의를 포착하라

역사 공부를 재미있게 하려면 시대적 흐름을 먼저 파악해야 한다. 시대적 흐름을 이해한 후 사건과 인물을 중심으로 관련 지식을 공부하면 역사 공부가 재미있게 느껴지고 자연스럽게 암기도 된다.

역사적 사건 정리는 5W1H가 기본이다. Who(누가), When(언제), Where(어디서), What(무엇을), Why(왜), How(어떻게)를 충실히 따라가며 정리한다면 헷갈릴 염려도 없다. 예를 들어, '삼국 통일'에 대해 정리하면 다음과 같다.

역사적 사건 정리의 예

When	676년
Who	신라 나당 연합군
Where	사비성 → 평양성 → 기벌포
What	삼국통일
Why	고구려, 백제의 압력에 시달리던 신라가 대당 외교 추진, 당과 연합함. 고구려와 백제는 이미 내부 정치 질서가 문란, 지배층의 향락 생활로 쇠퇴 위기

단순 나열식으로 서술된 사건들이 어떤 유기적 인과 관계로 얽혀 있는지를 파악해야 하는데, 이때는 교과서에 쓰인 소제목을 중심으로 전체 흐름을 재구성하는 것이 좋은 방법이다. 예를 들어, 우리나라의 역사가 삼국 시대 → 고려 시대 → 조선 시대로 변화해 왔는데, 왕조의 변화는 지배 사상과 지배 계층의 변화에서 기인하므로 그 연관성을 파악해 두면 된다.

지리 : 지도를 정복하라

지리 과목은 기본적으로 인간과 자연의 관계론적 측면을 다루는 부분이 많기 때문에 지리적 조건과 사회 문화적 배경들을 총체적으로 연결해서 이해한다면 내용을 유기적으로 인식할 수 있다.

배운 내용을 복습할 때는 반드시 사회과부도나 지도를 꺼내 놓고 위치와 지명을 확인한다. 커다란 백지도에 직접 국가명이나 지명을 써 넣고, 색깔이나 표식을 통해 특산품 · 종교 · 기후 등을 필요할 때마다 그려 넣어 활용하면 더욱 좋다. 이렇게 하면 머릿속에 선명하게 지도 이미지가 남아서 기억의 강도가 높아진다.

한국지리나 세계지리나 마찬가지이다. 지역별, 대륙별로 조건화하고 계통화해서 묶어 파악해 두면 훨씬 이해하기 쉽다. 예를 들어, 태백 산맥을 하나의 지역으로 묶어 놓고 지형의 특징을 이해하고, 동서 기후의 차이를 설명해 보거나, 수도권 · 호남권 등 권역별로 묶어 산업의 특징을 설명해 보는 식이다. 특히 땅이 넓은 중국은 지역별로 나눠서 기후와 산업 등을 연계해 공부한다면 훨씬 빨리 이해할 수 있다.

사회 공부법 진단

(1 : 아니다, 2 : 그저 그렇다, 3 : 매우 그렇다)

	문항 내용	점수
1	사회적 현상이나 역사 등에 관심이 많다.	1 - 2 - 3
2	외우는 것에 자신이 있다.	1 - 2 - 3
3	도표나 지도 등을 능숙하게 해독할 수 있다.	1 - 2 - 3
4	교과서의 차례나 소제목을 유념하며 공부한다.	1 - 2 - 3
5	개념을 정리하는 기본 교재가 있다.	1 - 2 - 3
6	사회 과목에 해당하는 정리 노트를 쓰고 있다.	1 - 2 - 3
7	지리 과목을 공부하며 스스로 지도를 그려 본 적이 있다.	1 - 2 - 3
8	국사를 공부할 때 사건들이 지닌 역사적 의의를 파악하는 데 능숙하다.	1 - 2 - 3
9	역사 공부를 마치고 나면 연대별로 사건을 나열할 수 있다.	1 - 2 - 3
10	딱딱한 경제, 법률 용어의 의미를 정확하게 이해하려 노력한다.	1 - 2 - 3

점수	평가
25-30	사회에 소질이 있을 뿐 아니라 사회 공부에 성의를 지니고 열심히 하는 학생입니다.
20-24	평균 이상으로 잘하고 있으나 자신의 공부법에 대한 진지한 변화가 필요합니다.
15-19	좀 더 노력을 기울여야 합니다. 체크한 문항을 살펴보고 대안을 생각해 보세요.
10-14	심각한 상태입니다. 자신의 사회 공부법 전체를 반성해 보십시오.

❖ 공신의 과학 공부법과 학습 지도

과학은 우리 주변의 사물이나 자연 현상을 이해하는 데 도움을 주며, 무질서해 보이는 자연이 일정한 법칙과 방식으로 움직인다는 사실을 알게 해 준다. 무엇보다 과학을 재미있게 공부하려면 실제 생활에서 호기심을 가지고 문제를 해결하려는 자세가 필요하고, 암기와 이해를 바탕으로 교과서에 나오는 자료를 해석하고 실험을 정리하는 습관도 필요하다.

화학 : 이해와 암기가 중요하다

화학은 이해와 암기가 동등하게 강조되는 과목이다. 이온화 경향이나 주기율표처럼 술술 암기해야 할 필요가 있는 내용들은 철저하게 익혀 두자. 그러나 주기율표를 단순하게 외우는 데 그쳐서는 안 되며, 그 의미까지 이해해야 한다. 예를 들어, 알칼리 금속의 반응 정도가 'Li 〈 Na 〈 L 〈 Rb 〈 Cs'이라는 사실은 단순히 외우고 넘어가기 이전에 이해해야만 하는 내용이다. 이러한 결과를 이해하려면 각 원소의 전자껍질 수를 알아야 하고, 전자껍질의 수가 많아질수록 전자와 핵의 평균 거리가 멀어진다는 것, 그에 따라 전자와 핵의 인력이 작아져 전자가 쉽게 떨어져 나갈 수 있다는 것들을 유기적으로 이해해야 한다.

이처럼 화학은 이해와 암기가 함께 되어야 효과적인데 반응 속도, 이온화 경향 같은 단원이 더욱 그렇다. 특히 '화학전지'를 포함하여 '산화 환원 반응'은 화학의 1/3 정도를 차지한다고 해도 과언이 아니다. 이렇게 화학에서 매우 중요한 파트들은 정리 노트를 만들어서 철저하게 숙지하는 것도 좋은 방법이다.

물리 : 원리와 공식을 이해하라

용어에 대한 이해를 통해 원리를 터득하는 단계로 나가는 것이 좋다. 예를 들어, '등가속 운동'을 이해하기 위해서는 우선 등가속 운동의 정의가 무엇인지 알아야 한다. 그 뒤에 $V=V_0+at$라는 공식을 이해하는 단계로 나가는 것이다. 심화된 학습을 위해서라면 어떤 과정을 거쳐 공식이 만들어졌는지 다른 사람에게 설명해 줄 수 있을 정도로 공부하는 것이 필요하다. 더불어 교과서에 나오는 그래프, 표, 그림, 사진 등을 읽는 연습을 해야 하며, 그것들이 의미하는 바가 무엇인지 해석할 수 있어야 한다.

생물 : 용어 이해와 실험 과정 위주로 공부하라

생물은 다른 과목에 비해 암기가 압도적으로 큰 비중을 차지하는 과목이다. 단순 암기를 요하는 각종 명칭도 부지기수이다. 그러나 유기적인 관계를 파악하면서 암기해야 효과적인 부분도 많다. 예를 들어, 소화 과정, 생식 과정, 호흡 과정 등은 각각의 메커니즘이 진행되는 원리를 따라가며 암기해야 시간이 지난 뒤에도 재구성이 가능할 뿐 아니라 세부적인 면에서도 누락되는 일이 없다.

또 모든 과학 과목에서 마찬가지로 적용되는 이야기이지만 생물에서도 실험이 중요한데, 실험을 행하는 목적과 과정ㆍ결과와 시사점에 대한 총체적인 내용을 유기적으로 이해하며 정리해 나가야 한다.

지구과학 : 용어를 암기한 뒤 문제 풀이를 통해 응용하라

지구과학 역시 생물과 마찬가지로 암기해야 할 것이 많은 과목이다. 그러나 암기를 하되, 단순 암기를 요하는 부분과 고차원적인 이해를 동반한 암기가 필요한 부분을 구별하여 공부해야 한다. 가령 '태양계' 문제는 단순 암기 문제가 많은 반면, '은하와 별'의 문제는 복잡하고 고차원적인 이해를 요한다. 특히 이러한 부분은 문제 풀이를 통해 응용해 보는 것이 좋은데, 문제를 풀다 보면 역으로 원리 이해에 도달할 수도 있기 때문이다.

간혹 지구과학이 다른 과목보다 용어를 외우는 것이 더 어렵다고 호소하는데, 이는 한자어가 많기 때문이다. 예를 들어, '퇴적암'은 그냥 읽으면 이해가 잘되지 않지만, 퇴적암(堆積巖)에서 '적'자가 쌓는다는 뜻인 것만 알아도 어떤 물질이 쌓여서 된 바위라는 것을 유추해 낼 수 있다. 따라서 어려운 용어일수록 한자의 뜻을 이해해야 한다.

과학 공부법 진단

(1 : 아니다, 2 : 그저 그렇다, 3 : 매우 그렇다)

	문항 내용	점수
1	과학적인 현상이나 원리에 관심이 많다.	1 - 2 - 3
2	각종 용어나 개념어에 대하여 철저하게 이해하고 넘어간다.	1 - 2 - 3
3	과학 과목을 공부하는 기본적인 중심 교재를 가지고 있다.	1 - 2 - 3
4	자료를 보면서 해석하는 것에 익숙하다.	1 - 2 - 3
5	학교에서 나누어 준 여러 보조 자료(프린트물)를 잘 정돈하는 편이다.	1 - 2 - 3
6	생물이나 지구과학은 정리 노트를 만들어 사용하고 있다.	1 - 2 - 3
7	물리 공식은 반드시 이해한 후 암기한다.	1 - 2 - 3
8	화학 과목의 경우 실험 파트를 각별히 신경 써서 공부한다.	1 - 2 - 3
9	각종 생물 용어를 외우는 것이 능숙하다.	1 - 2 - 3
10	지구과학을 공부할 때 광대한 거시적 세계를 상상하면서 공부한다.	1 - 2 - 3

점수	평가
25-30	과학에 소질이 있을 뿐 아니라 과학 공부에 성의를 지니고 열심히 하는 학생입니다.
20-24	평균 이상으로 잘하고 있으나 자신의 공부법에 대한 진지한 변화가 필요합니다.
15-19	좀 더 노력을 기울여야 합니다. 체크한 문항을 살펴보고 대안을 생각해 보세요.
10-14	심각한 상태입니다. 자신의 과학 공부법 전체를 반성해 보십시오.

7

자율 학습 전략을 학습하라

❖ 학습 소화 능력에 맞게 나만의 고정된 시간을 만들어라

『웹스터 사전』에 따르면, 시간이란 과거에서 현재를 거쳐 미래로 이어져 가는 크고 작은 사건들의 연속을 말한다. 다시 말해, 시간 관리라는 것은 일상생활에서 우리가 경험하는 크고 작은 사건들을 관리하는 것이다. 방과후 자율 학습을 성공적으로 하려면 시간 관리가 매우 중요하다.

스스로 계획하고 실천하고 피드백하는 자기 조절은 메타 인지 능력에 속한다. 이는 시간 관리를 통해 효력을 가속화할 수 있다. 그러나 보통 중학생들의 삶을 관찰해 보면 시간 관리가 제대로 되고 있지 않다. 그들의 방과후 시간을 관찰해 보면 학교 수업 내용을 다 이해하지 못했는데 요약 정리도 하지 않는다. 요약 정리가 안 된 채로 학원에

간다. 다음 진도와 관련된 문제집을 펴 놓고 학습을 한다. 당연히 시험 결과는 제자리걸음이다.

학생이 시간을 제대로 관리하고 싶다면 무엇보다 자신이 배운 내용을 요약 정리하면서 소화시키는 데 걸리는 시간이 얼마나 되는지를 체크해 봐야 한다. 그동안 학습 코칭과 공신 캠프에서 실험해 보니 상위권 학생들은 15쪽 되는 학습 내용을 요약 정리하는 데 걸리는 시간이 40분이면 충분했으나 하위권 학생들은 120분을 주어도 모자랐다. 그동안 일반 학생들에게 공신 공부법이 제대로 적용되지 못한 이유는 바로 여기에 있다. 소화시킬 수 있는 힘과 시간이 학생들마다 다른데 똑같은 양을 갖고 시간 관리를 한다는 것은 뱁새가 황새 쫓아가려다 가랑이 찢어지는 것과 흡사하다. 따라서 학생들마다 자신의 학습 소화 능력을 진단한 뒤 학습 플래닝을 하는 것이 효과적이다.

플래닝의 꽃은 바로 우선순위를 정하는 것이다. 우선순위란 어떤 깃을 넌서 자시하거나 사용할 수 있는 차례나 위치를 말한다. 시간계획표를 세울 때 가장 중요한 것이 무엇이고, 덜 중요한 게 무엇인지를 구분해야 효과적인 시간 관리를 할 수 있다. 그러기 위해서는 방과후 이해 노트를 작성하는 것이 최우선순위가 되어야 한다. 이해 노트를 정리하는 과정에서 자연스럽게 이해도 되고 암기도 되기 때문에 시간 관리가 매우 유용하다.

이런 원리라면 당장 스케줄 상에서 바꿔야 할 것은 방과후에 바로 학원으로 가는 것이 아니라 요약 정리 시간을 자신의 학습 소화 능력에 맞게 최우선순위로 시간표에 설정해야 한다. 그리고 그 시간표를 고정된 시간으로 삼아야 한다. 여기서 고정된 시간이란 그 무엇과도

타협하지 않는 절대적인 시간 확보이다. 공신들은 모두 자신이 해야 할 일이 있으면 친구들의 부탁이나 모임에도 거절을 잘하는데 이는 자신만의 절대적인 시간을 양보하지 않겠다는 것을 의미한다.

따라서 일반 학생들이 해야 할 것은 첫째, 절대적으로 요약 정리 시간 확보하기, 둘째, 자신만의 학습 소화 능력을 키워 요약 정리하는 시간을 줄여 나가기이다. 이 2가지가 공부를 하려는 학생들의 시간 관리의 핵심이다.

다음 표는 학교 시험 평균 78점인 중학교 2학년 학생과 학교 시험 평균 97점인 중학교 2학년 학생의 시간표이다. 두 학생의 차이점은 무엇일까? 평균 97점인 학생의 경우를 자세히 들여다보자.

첫째, 스스로 배운 내용을 정리하는 시간이 있다. 방과후에 제일 먼저 하는 일이 2시간 동안 스스로 배운 내용을 정리하는 것이다. 이 시간을 고정 시간으로 삼고 반복한다.

둘째, 주말 플래닝 시간이 있다. 주말까지 공부를 하라고 하는 것이 아니다. 최소한 다음 주에 학교에서 배울 내용이 어떤 것들이 있는지 사전에 훑어보고 플래너를 가지고 계획을 세우는 것이다. 다음 한 주의 계획을 미리 세워 보면 갑자기 발생하는 사건들을 충분히 컨트롤할 수 있는 힘이 생긴다.

셋째, 주말 복습 시간이 있다. 공신들이 성적이 좋은 이유는 이미 이들의 시간표가 분산 학습과 누적 반복 학습의 원리에 따라 만들어졌기 때문이다. 망각률을 줄이고 기억률을 높이기 위해 잊어버릴 만할 때쯤 요약 정리를 통해 지식 관리를 하는 것이다. 바로 주말 복습 시간이 있었다.

학교 시험 평균 78점인 중학교 2학년 학생의 시간표

T / D	월	화	수	목	금	토	일
7:10~7:50	기상 및 식사						
8:10~8:30	등교						
8:30~8:50	조회 및 준비						
8:50~9:35	도덕	과학	과학	수학	국어	늦잠	
9:45~10:30	사회	사회	수학	사회	기술	늦잠	
10:40~11:25	국어	수학	영어	도덕	수학		교회
11:35~12:20	미술	체육	음악	국어	한문		교회
	점심 식사						
1:00~1:45	기술	한문	창재	과학	가정	자유시간	
1:55~2:40	체육	영어	국어	영어	과학	자유시간	
2:50~3:35	하교 및 씻기			체육	하교 및 씻기	자유시간	
4:00~5:00	휴식 및 저녁		수학 학원	휴식 및 저녁			
5:00~6:00	휴식 및 저녁		수학 학원	휴식 및 저녁			
6:00~7:00	자기 공부	영어 학원	수학 학원	영어 학원	영어 학원	TV	
7:00~8:30	숙제	영어 학원	수학 학원	영어 학원	영어 학원	TV	
8:30~9:40	숙제	영어 학원	수학 학원	영어 학원	영어 학원	TV	
10:00~11:00	TV	TV	TV	TV	컴퓨터		
11:00~11:30	내일 준비	내일 준비	자기 공부	내일 준비	내일 준비		

학교 시험 평균 97점인 중학교 2학년 학생의 시간표

T/D	월	화	수	목	금	토	일
7:30	기상						
7:30~7:50	세면과 식사						
7:50~8:00	수학 1문제(익힘책)						
8:00~8:10	등교					한 주간 정리	오답 분석
8:10~8:40	아침 독서(20분)후 수업 노트 정리(10분)						
8:50~12:20	학교 수업(직후 복습) 쉬는 시간 수업 노트 정리(3분)						예배
12:20~1:20	점심(그날 오전 과제 가능하면 처리)						
1:20~4:20	학교 수업(직후 복습) 쉬는 시간 수업 노트 정리(3분)					휴식	휴식
3:30~4:30	노트 정리	귀가			노트 정리		
4:30~5:30	정리						
5:30~6:30							
6:30~7:00	저녁식사						
7:00~8:30	질문+학원 수업					휴식	
8:30~9:00	배운 것 기본 문제 풀기						플래닝
9:00~10:05	자유시간						
11:00~11:40	자기(피드백 타임)						

❖ 시간 도둑을 잡아야 소중한 것을 먼저 한다

시간 도둑이란 자신이 목표로 삼은 과제를 처리하려는데 갑자기 발생된 사건이라든지 하기 싫은 마음 등을 말한다. 예를 들면, 엉성한 계획, 긴급한 것이 중요하다는 생각, PC방, 게임, 부정적 태도, 미루는 습관, 잡담, 수다, 핸드폰 문자 중독, 카카오톡 등이 있다. 이런 시간 도둑은 왜 발생하는지 정서적, 인지적 관점에서 생각해 볼 필요가 있다.

첫째, 정서적인 면에서 볼 때 시간 관리의 최대 적은 미루는 습관이다. 과제를 하지 않는 학생들의 공통점은 사실 자신감 결여가 많다. 마음먹고 하면 할 수는 있겠는데 힘들다고 생각하는 것들은 하지 않거나 계속 미루는 것이다. 이런 학생들은 조금만 힘들면 회피하는 경향이 강하기 때문에 코치의 지지와 격려를 통해 차근차근 성취감을 가질 수 있는 미션을 주는 것이 좋다.

둘째, 인지적인 면에서 보면 갑자기 발생하는 사건들을 어떻게 바라보느냐에 따라 반응이 달라진다. 결국 어떻게 인지하느냐가 중요한데 이는 개인의 핵심 가치가 명료하면 명료할수록 빠르고 가치에 부합된 반응을 한다. 무엇보다 자극이 발생할 때 잠깐 멈추고 이 일을 내가 정말 할 수 있는 일인지 생각해 보는 습관이 필요하다. 이런 관점에서 시간 도둑을 예방하려면 자녀의 정체성을 확립시켜 줄 수 있는 꿈, 목표, 비전을 구체화시켜 주는 것이 좋다. 단기적으로 당장 처리해야 할 과제에 대한 마감 시간을 명확히 주거나 그날 처리해야 할 과제가 무엇인지 분명하게 제시해 줄 때 효과적인 시간 관리가 된다.

시간 도둑을 잡아라

첫째, 시간 도둑 리스트 목록 중 가장 없애고 싶은 시간 도둑을 한 가지 정해 아래 시간 도둑명에 기록한다. 둘째, 무엇이 나의 시간을 빼앗고 있는지 원인을 적는다. 셋째, 어떻게 시간 도둑을 잡을 수 있는지 생각해 보고 적는다.

시간 도둑

시간 도둑명	원인	대안

시간도둑명	원인	대안
페이스북	글을 읽다보면 댓글이 올라와서 확인하게됨	아예 시간을 끄거나 핸드폰 No touch.
카톡 & 텔레딕	너무 재있어서 계속하게됨.	절제력 필요, 핸드폰 No touch.
TV	절제력 부족	밥 먹을때 TV를 보지 않는다. 절제력 필요.
잠	예상한 시간보다 훨씬 많이 잔다.	밤에 푹 자고, 낮잠을 자는 일이 거의 없도록 한다.
미친 늦잠	귀차니즘 반동! ㅠㅠ	하루 계획안양을 다이어리고 기록하는 책임감 필요

❖ 집중력 부족의 원인을 파악하고 처방하라

그동안 학습 코칭을 받았던 학생들의 부모들은 "아이가 책상에 오래 앉아 있기는 하지만 제대로 집중해서 공부한 시간은 얼마 안 되는 것

같다.”며 공부 집중력의 어려움을 호소했다. 집중력이란 생물학적인 한계를 가지고 있기 때문에 몇 시간이고 지속될 수 있는 성질의 것이 아니다. 또 집중력은 뇌파 장치나 약물에 의해 갑자기 좋아질 수 있는 것이 아니라 몇 가지 훈련 과정 끝에 자신의 노력과 의지로 향상시킬 수 있는 능력이기 때문에 무엇보다 의지를 다지는 것이 중요하다.

집중력 부족의 원인 점검

집중력이 부족하다면 먼저 그 방해 요인을 찾아보아야 한다. 집중력의 방해 요인을 살펴보면 대체로 환경적 · 신체적 · 심리적 요인으로 구분된다.

집중력 방해 요인

환경적 요인	시각 · 청각적인 것(사진, 텔레비전, 컴퓨터, 휴대폰 등) 물리적인 것(공부방의 환경-불편한 책걸상, 너무 밝거나 어두운 조명 등)
신체적 요인	질병, 운동 부족으로 인한 긴장감, 피로감 등
심리적 요인	대인 관계의 어려움, 시험 불안, 불분명한 목표로 인한 불안 등

집중력을 방해하는 환경적 요인과 처방

시각적 방해 요인 제거하기

공부와 관계없는 것들을 책상에서 치우고, 책상은 문과 대각선 방향으로 창밖이 보이지 않는 벽에 위치시킨다.

청각적 방해 요인 제거하기

공부를 할 때 방문은 닫고, '공부중'이라는 표시를 해 둔다. 컴퓨터 · TV · 라디오 등은 켜지 않으며, 자신이 통제할 수 없는 외부의 소음은 귀마개를 사용한다.

물리적 방해 요인 제거하기

책상과 의자의 크기는 적당하고 편안해야 하며, 조명은 눈에 피로를 덜 주는 것을 사용한다. 공부에 필요한 책이나 학용품들은 잘 정리 정돈해 두며, 침대는 책상에 앉았을 때 보이지 않는 뒤쪽에 위치시킨다.

공부방 환경

1. 벽지를 포함한 색깔
   -파스텔 톤이 제일 좋다.
2. 공부를 돕는 향기
   -라벤더, 로즈메리, 레몬, 페퍼민트
3. 공부를 돕는 음악
   -휴식과 숙면을 위한 음악 : 드보르작, 바흐, 헨델, 베토벤
   -수리력을 향상시키는 음악 : 심장 박동과 가장 비슷한 음악(차이코프스키, 하이든, 드뷔시)
4. 공부를 방해하는 것들
   -컴퓨터, 텔레비전, 각종 성인물
5. 빛의 밝기 조절
   -형광등만 켜 놓고 공부하면 피로감이 높다.
   -스탠드와 형광등을 함께 이용하는 것이 좋다.
6. 나쁜 자세가 미치는 영향
   -허리를 똑바로 세우지 않고 등이 굽어 있으면 성장 발육이 더디다.
   -뇌에 산소 공급이 원활하게 되지 않아 생각이 흐려진다.
   -동작이 자꾸만 산만해진다.
   -근육을 압박하여 뇌에 스트레스가 전달된다.

집중에 도움이 되는 신체 상태 만들기

짧은 휴식 취하기

잠깐 동안의 휴식은 뇌와 신체 에너지를 재충전시켜 준다. 시간을 정해 두고 음악 몇 곡을 듣거나, 가벼운 맨손 체조를 하거나, 차를 마시는 것 등의 휴식은 집중에 도움이 된다. 하지만 컴퓨터 게임과 과도한 운동 등은 다시 집중하기 위해서 많은 시간과 에너지가 소비되기 때문에 재충전을 위한 휴식으로는 적합하지 못하다.

아침 식사를 거르지 않기

비만도가 높은 학생들의 특징은 아침을 적게 먹고 저녁을 많이 먹는다. 저녁 7시 이후에는 식사를 금하는 것이 좋다. 저녁이 가까워질수록 에너지 용량은 줄어들고 신진대사도 느려지기 때문이다. 하루를 기준으로 할 때 이른 시간일수록 더 많은 칼로리를 섭취하고 늦은 시간일수록 더 적게 먹어야 하는 이유가 바로 여기에 있다. 그리고 당이 낮은 음식을 섭취하는 것이 좋다. 대표적인 음식으로는 딸기, 배, 포도, 사과 등이 있다. 신체 에너지 능력을 최대화하기 위해서는 허기져도 안 되고 너무 포만감이 들 정도로 먹어도 안 된다.

물을 충분히 마시기

신체 에너지를 새롭게 하는 중요한 원천은 바로 물이다. 생리학 연구에 의하면 하루에 물을 1.8L 정도는 마셔야 중요한 일을 수행하는 데 효과적이다. 카페인 함량이 많은 음료는 이뇨 현상을 가져온다.

> 1. 아침은 꼭 먹는다.
> 2. 공부 시작 전에 호흡과 명상으로 뇌 기능을 조절한다.
> 3. 좌뇌와 우뇌를 동시에 사용한다.
>   -이야기를 그림으로 표현하기
>   -하루를 그림으로 그려 가며 영상화하기
> 4. 왼쪽 몸을 자주 사용한다.
> 5. 손을 쓰면 머리가 좋아진다.
> 6. 충분한 수면으로 뇌를 지킨다.
> 7. 클래식 음악으로 두뇌를 개발한다.
>   -클래식 음악 : 우뇌
>   -대중음악 : 좌뇌
> 8. 머리를 좋게 하는 음식을 먹는다.
>   -콩, 두유, 두부, 땅콩, 호두, 해바라기 씨, 등 푸른 생선
> 9. 물구나무서기로 혈액 순환이 잘되게 한다.

호흡법 등으로 불안 줄이기

눈을 감고 몸을 편하게 이완시키면 뇌파의 활동은 초당 8~14사이 클 정도로 속도를 늦추게 되는데, 이때 우리의 뇌는 8~13Hz 사이의 알파(α)파를 폭발적으로 생산한다. 실험 결과, 두뇌 뇌파를 알파파로 유지하면 두뇌 활동의 최적 상태가 유지되며, 집중력과 기억력·창의력이 월등히 향상되는 것으로 나타났다.

알파파를 만드는 가장 간단한 방법은 호흡법인데, 대표적인 것으로 복식 호흡법이 있다. 복식 호흡을 하는 방법은 다음과 같다. 숨을 코로 들이쉬며 배를 볼록하게 앞으로 내민다. 숨을 코로 내뱉으며 등 쪽으로 배를 끌어당긴다. 이때 마신 숨은 한꺼번에 내쉬는 게 아니라 조금

씩 끊어서 내쉰다. 셋을 셀 동안 숨을 들이쉬고 여섯을 셀 동안 내쉬는 것을 반복하면 몸은 물론 마음과 감정 역시 차분해진다. 깊고 부드러우며 리듬감 있는 호흡은 에너지와 집중력의 원천이다.

집중에 도움이 되는 마음가짐과 기술

목표 세우기

집중에 도움이 되는 외적인 요소를 모두 갖추었다면 이제 공부를 해야 하는 이유, 즉 지금 당장 집중을 해야 하는 동기를 부여해야 한다. 그것은 목표에서 비롯하는데, 자신이 잘하는 것, 좋아하는 것, 앞으로 해 보고 싶은 것들에 대해서 진지하게 고민하여 장기적인 목표를 세우도록 한다. 장기 목표가 설정되면 그것을 이루기 위한 전공학과 및 대학을 가기 위한 중기 목표를 세우고, 그러한 목표를 이루기 위해 이번 시험에서 몇 점을 받아야 한다는 등의 단기 목표를 세운다.

미래 상상하기

목표를 세우고 동기가 생겨도 집중이 중간 중간 흐트러질 수 있다. 공부하는 것보다 휴식을 취하는 것이 훨씬 재밌고 쉽기 때문에 이런 현상은 매우 당연한 것이다. 이때 좌절하지 말고 끈기 있게 도전하는 사람만이 좋은 결과를 얻을 수 있다. 자신이 원하는 목표를 조금씩 이루었을 때 부모님, 친구 등 주변 사람들로부터 인정을 받는 모습을 상상해 보자.

공부할 분량이나 과제를 명확히 하기

무엇을 해야 할지 구체적으로 명확하게 정해야 한다. 만약 국어 공부를 한다면 그냥 '국어'라고 적지 말고 '국어 자습서 3단원 학습 활동 부분 읽기' 식으로 계획을 세우는 것이 좋다.

마감 시한을 의도적으로 단축시키기

만약 단어 30개를 외우는 데 걸리는 시간을 반으로 줄이려 한다면, 지금까지 해 오던 방식으로는 시간을 단축하는 것이 불가능하다. 좀 더 빠르게 모든 것을 해내기 위해 집중할 수밖에 없다. 또한 새로운 목표를 위해 새로운 방안을 고민하고 자신의 공부 과정을 살펴보는 동안 집중력이 조금씩 향상된다.

❖ 메타 인지 능력 향상을 위해 플래너를 써라

플래너는 수첩과 다르게 플래닝을 할 수 있다는 점에서 매우 유용하다. 특히 학습 플래너는 기본적으로 자기 관리가 필요한 학생들에게는 필수이다. 플래너가 필요한 이유는 바로 계획과 우선순위가 학업 성취도와 매우 연관이 있기 때문이다.

계획한 것을 실천하고 지속적으로 피드백을 하면 계획했던 프로젝트가 성공할 확률이 높다. 마찬가지로 성공적인 수험 생활을 하려면 예습-수업-복습의 3단계를 반드시 거쳐야 한다. 이를 돕기 위한 것이 공부 도구 4가지이다. 중요한 것은 이 4가지 도구를 바탕으로 효과적

효과적으로 공부하는 데 필요한 도구들

효과성의 원리	계획	실천	피드백	성공
수험의 원리	예습	수업	복습	시험 성공
공부 도구의 원리	개념 노트	수업 노트	이해 노트	암기 노트
자기 관리 도구	플래너			

인 수험 생활을 하려면 자기 관리 도구인 플래너가 필요하다. 플래너는 보통 꼼꼼히형과 상상이형으로 구분할 수 있다. 우선 꼼꼼히형을 살펴보자.

꼼꼼히형 플래너

꼼꼼히형 플래너의 장점은 한눈에 자기 관리와 지식 관리를 볼 수 있다는 점이다. 자기 관리 파트에서는 주간 학습 목표란과 내가 만드는 7가지 습관, 주간 공부 계획이 있다.

학습 목표란에는 한 주간 자신이 해야 할 과제를 중심으로 목표를 세운다. 내가 만드는 7가지 습관에서는 목표를 이루는 데 반드시 바꿔야 할 습관을 최소한 3가지 적는 것이 좋다. 공부 중 핸드폰 쓰지 않기, 과제 미루지 않기 등과 같은 것을 쓰면 된다.

주간 공부 계획란에는 주요 과목, 목표 시간, 셀공 시간, 평가 순으로 쓴다. 여기에는 자신이 공부할 주요 과목을 요일별로 정한 다음, 주요 과목을 공부할 목표 시간을 적고 실제로 공부한 시간을 셀공 시간 칸에 적는다. 평가란에는 지켰으면 ○, 지키지 않았으면 ×로 표기한다. 주말에 ○가 많은지, ×가 많은지 주간 평가란에 잘하고 있는 점 3

꼼꼼히형 플래너

중요한 것부터 하자	이번 주 학습 목표
1. 자신의 꿈을 생각하자. 2. 주간 학습 목표를 세운다. 3. 자신과의 약속을 지킨다. 4. 자신과의 약속을 평가한다.	

내가 만드는 7가지 습관

날짜	규칙기상	일기				

주간 공부 계획

	월	화	수	목	금	토	일
1. 주요 과목							
2. 목표 시간							
3. 셀공 시간							
4. 평가							
1. 주요 과목							
2. 목표 시간							
3. 셀공 시간							
4. 평가							
1. 주요 과목							
2. 목표 시간							
3. 셀공 시간							
4. 평가							
주간 평가	* 잘하고 있는 점 3가지 * 개선해야 할 점 3가지						

오늘 할 일과 셀공 체크

날짜	체크	순위	오늘의 할 일	셀공 체크			
				과목			
				만점 자세			
				완벽 이해			
				완벽 암기			
				설명 가능			
				과목			
				만점 자세			
				완벽 이해			
				완벽 암기			
				설명 가능			
				과 목			
				만점 자세			
				완벽 이해			
				완벽 암기			
				설명 가능			
				과목			
				만점 자세			
				완벽 이해			
				완벽 암기			
				설명 가능			
				과목			
				만점 자세			
				완벽 이해			
				완벽 암기			
				설명 가능			
				과목			
				만점 자세			
				완벽 이해			
				완벽 암기			
				설명 가능			

가지와 개선해야 할 점 3가지를 작성해 보면 느끼는 것이 다르다. ○가 많으면 많을수록 작은 성취감을 맛보는 동시에 자신감도 상승한다.

지식 관리 파트에는 오늘의 할 일과 셀공 체크라는 항목이 있다. 무엇보다 오늘의 할 일란에는 하루 전날 잠자기 15분 전에 TO DO 리스트를 작성하는 것이 좋다. TO DO 리스트를 작성하면서 우선순위를 아라비아 숫자로 정한다. 그리고 당일 잠자기 5분 전에 전날에 계획한 것을 지켰는지 여부를 체크하는 것이 좋다. 셀공 체크란에는 과목, 만점 자세, 완벽 이해, 완벽 암기, 설명 가능 순의 빈칸이 있다. 여기에는 학교 시간표 상에서 당일 수업 중 주요 과목(국, 영, 수, 사, 과)만 작성한다. 그리고 각 과목별로 만점 자세, 완벽 이해, 완벽 암기, 설명이 가능하면 ○표시를 하고 가능하지 않으면 ×표시를 하여 자신의 완전 학습 상태를 파악한다.

스스로 계획을 세우고 실천하고 피드백하는 과정 속에서 메타 인지 능력이 향상된다는 것을 기억하고 훈련하는 것이 필요하다.

상상이형 플래너

상상이형은 보통 창의적이고 시간 관리를 유연하게 하려는 학생이 사용하면 잘 맞다. 한 주간 스케줄을 사건 중심으로 한눈에 볼 수 있도록 한 점이 꼼꼼히형과 다르고 학생 스스로 자신만의 플래너를 만드는 데 좋다.

상상이형은 주간 목표와 균형 잡힌 삶이라는 콘셉트를 바탕으로 신체, 정신, 관계의 건강이 중요하다는 것을 반영했다. 신체 건강을 위한 목표, 정신 건강을 위한 목표, 관계의 건강을 위한 한 주간 목표를 정할 수 있도록 고안되었다. 그리고 균형 잡힌 삶을 위해 학생이 현재 맡고 있는 역할을 세분화하여 목표를 세울 수 있도록 하였다.

보통 학생들이 정의하는 역할은 학생, 아들, 형, 친구 등이 있다. 상 상이형은 각 역할별로 자신의 목표를 분명히 정하여 한 주간 균형 있는 삶을 살 수 있도록 돕는 플래너이다. 꼼꼼히형과 마찬가지로 자신이 할 일을 정하고 지켰으면 V표시를 하고 지키지 못했으면 ×로 표기하여 상황을 파악해 보는 것이 좋다.

상상이형 플래너 작성 예

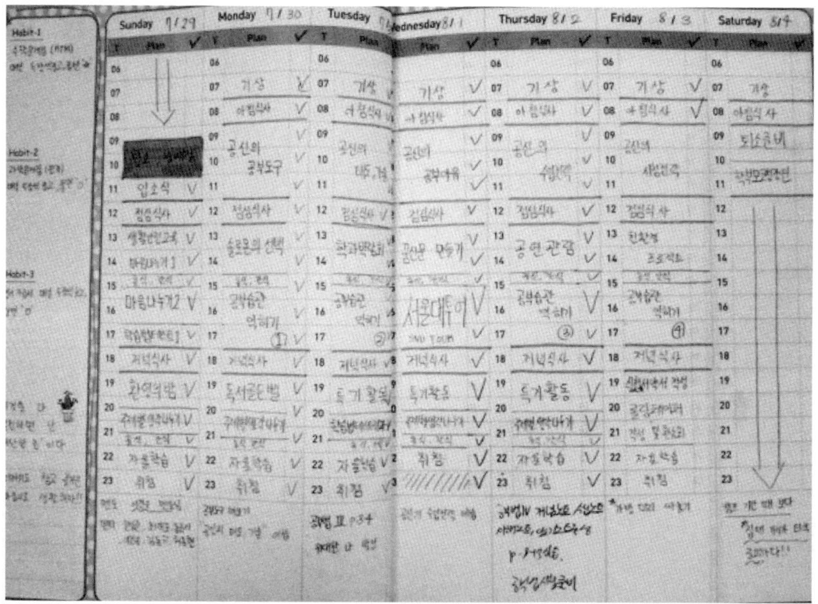

118

상상이형 플래너

주간 목표	일		월		화		수		목		금		토	
신체	T	V	T	V	T	V	T	V	T	V	T	V	T	V
	06		06		06		06		06		06		06	
정신	07		07		07		07		07		07		07	
	08		08		08		08		08		08		08	
관계	09		09		09		09		09		09		09	
	10		10		10		10		10		10		10	
균형 잡힌 삶	11		11		11		11		11		11		11	
R1	12		12		12		12		12		12		12	
	13		13		13		13		13		13		13	
	14		14		14		14		14		14		14	
R2	15		15		15		15		15		15		15	
	16		16		16		16		16		16		16	
	17		17		17		17		17		17		17	
R3	18		18		18		18		18		18		18	
	19		19		19		19		19		19		19	
	20		20		20		20		20		20		20	
R4	21		21		21		21		21		21		21	
	22		22		22		22		22		22		22	
	23		23		23		23		23		23		23	

나만의 공부법 만들기

(　　)학년 (　　)반 (　　)번 성명 (　　　　)

과목	현재의 취약 부분	앞으로의 공부 방법	시간별 학습 전략
국어			
영어			
수학			
사회			
과학			

이렇게 만들어진 플래너를 지속적으로 사용하기 위해서는 코치의 도움이 절실히 필요하다. 태도 변화 이론 때문이다. 자녀가 알아서 쓰지 않는다고 그냥 내버려 두지 말고 부모가 시간 관리 차원에서 함께 플래너를 쓴다면 효과적인 자기 관리가 가능해질 것이다.

진정한 교육의 핵심은
올바른 가치관을 갖고
독립된 인간으로 거듭나는 것이다

지난 13년 동안 아동·청소년을 대상으로 코칭을 하면서 학생들이 가장 고민하는 것은 바로 성적, 진로, 관계라는 것을 알게 되었다. 그들의 고민이 나의 고민이 되면서 '어떻게 그들을 도울 수 있을까?'라는 물음표에 답을 찾기 위해 공부하고 또 공부했다.

코칭을 만난 것은 내게 은혜였다. 많은 툴이 있었으나 학생들의 잠재 능력을 이끌어 내는 기술은 컨설팅, 멘토링도 아닌 코칭이었다는 것을 학생들의 임상을 통해 경험하면서 삶의 의미가 충만해졌다.

진로 코칭은 무엇보다 학생들에게 행복한 삶의 길을 열어 주고 삶의 동기를 갖게 해 준다는 점에서 매우 유용하다. 공부법 코칭은 자신만의 공부법을 갖고 싶어 하는 학생들에게 올바른 공부 습관을 만들어 주는 효과가 있다. 그러나 이 모든 것은 삶을 대하는 자세, 즉 인성이 뒷받침되지 않으면 안 된다는 것을 절실히 느꼈기에 각각의 주제를 다룬 책 3권을 함께 내게 되었다. 부디 이 책들이 여러분 자녀가 올바른 가치관을 가지고 건강하게 독립하는 데 도움이 되길 바란다. 도움이 필요하다면 엄코치연구소(www.eomcoach.com) 정회원 가입을 통해 도움 받길 바란다.

책이 나오기까지 함께 고생해 준 분이 무척 많다. 원고를 믿고 끝까지 기다려 주신 출판사 임직원 여러분들, 엄코치연구소 식구들, 덕소 가족들 그리고 사랑하는 아내와 정원! 모두에게 고맙다는 말씀을 전하고 싶다. 이 모든 감사를 그분께 드린다.

엄명종

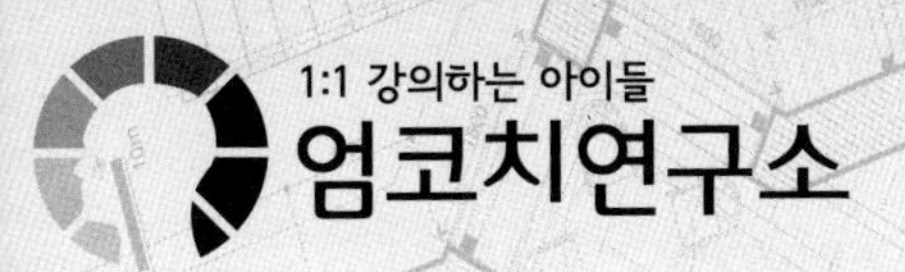

청소년코칭의 모든 것! 단연컨데, 엄코치연구소입니다.

1:1 진로코칭

엄코치연구소의 진로코칭은

효과적인 질문과 답을 통해 학생 스스로 자신의 삶의 목적으로 발견해 나갈 수 있도록 자기탐색, 직업탐색을 함께 도모합니다.

'너 공부해, 공부좀 해라' 라는 말 보다, 학생이 정말 무엇을 좋아하는지, 또 무엇을 잘 할 수 있는지,

직업을 선택할 때는 무엇을 중요하게 여기는지 우리는 주도면밀하게 살펴보는 것으로 시작합니다.

궁극적으로 충분한 자기 이해를 바탕으로 정체성을 효과적으로 확립할 수 있도록 하며,

올바른 자기정체성을 확립하도록 돕고 난뒤 직업세계를 탐색하는 과정입니다.

* 진로코칭은 세상의 필요와 자녀의 재능이 만나는 지점을 대화로 찾아가는 과정이기 때문입니다.

1:1 공신공부법코칭

엄코치연구소의 공부법코칭은

3년에 걸쳐 수능 상위 1%의 대학생들을 대상으로 연구조사를 바탕으로 기획되었습니다.

신기한 것은, 상위 1% 대학생 중 그 어떤 학생도 시중에 나와 있는 52가지에 달하는 공부법을 모두 적용하고 있지 않았습니다.

다만, 자신만의 필살기라고 하는 공부법 한가지를 꾸준하게 활용하고 있었습니다.

엄코치연구소에서는 공신들의 공부법에서 가장 공통적이고 효과적인 것이 무엇인지 "성격"과 연관하여 연구하였습니다.

성격유형별로 공부방법을 달리 적용할 수 있음을 깨닫고, 이를 프로그램화하여 제공합니다.

* 공신공부법은 공부의 원리(이해-요약-암기-적용)를 적용한 다양한 공부도구를 활용합니다.

1:1 전문코칭과외

엄코치연구소의 전문코칭과외는

티칭이 아닌 코칭을 합니다. 담당 과외코치는 학생들을 코칭하고, 학생들은 코치에게 티칭합니다.

과외코치와 학생 사이의 질문과 답이 반복되면서, 학생은 자신이 이해한 것과 이해하지 못한 것을 자연스럽게 구분합니다.

즉, 구분의 과정을 통해 이해하지 못한 것과 암기하지 못한 것을 분류하여 스스로 학습하는 "자기주도학습"을 이룹니다.

맞춤형 개별코칭이라는 특별한 교수법을 통해 학생 스스로가 공부하고 깨달을 수 있도록 도와주십시오.

* 전문코칭과외는 과외기간을 단기로 줄여 스스로 공부시스템을 갖도록 돕는 것 입니다.

노트필기 설명회, 공신플래너 설명회에 참석하세요!

자기주도학습을 이끌 공부도구인 노트와 학습, 진로에 맞는 플래너 활용법에 대한 설명회가 진행됩니다.
자세한 내용은 하단 홈페이지를 참고하세요!

어떤 코치, 멘토를 만나느냐에

성적, 진로가 달라집니다.

contact us

홈페이지	http://www.eomcoach.com/
주　　소	서울특별시 강남구 대치동 942 4층
전　　화	02-512-7000
전자우편	ceo@eomcoach.com

다방면의 학습 전문가들이 참여한 5개월간의 프로젝트

시행 학교의 학부모 94.6%가 만족하는 자기주도학습 프로그램

공부의 주체인 아이들에게 스스로 공부하는 힘을!

공부, 하고는 있는데 왜 성적이 오르지 않을까?
잠재력과 가능성을 깨우는 자기주도학습 능력 회복 프로젝트

EBS 교실이 달라졌어요
자기주도학습 편

진정한 자기주도학습이란 바로 스스로를 진단·평가하여 목표를 세우고, 올바르고 효과적인 방법을 찾아 적용하며 실천하는 모든 과정과 그 힘을 기르는 훈련까지를 의미한다. 이 책은 제각기 다른 모든 아이들에게 동일한 학습 방법을 적용하던 한계에서 벗어나, 공부를 시작으로 아이의 인생을 변화시킬 자기주도적 삶의 태도를 기르는 방법까지 깨달을 수 있도록 그 길을 보여주고 있다. 남들도 다 하니까, 부모님이 시켜서 등 학습 동기 없이 공부하는 아이들부터 공부를 어떻게 해야 할지 몰라 어렵다고 포기하게 되는 아이들, 지금도 스스로 잘해나가고 있는 모든 학생들에게 '스스로 공부할 수 있게 하는 힘'을 기르는 방법을 제시한다.

EBS 〈교실이 달라졌어요〉 제작팀 지음 | 208쪽 | 값 13,000원